I0782370

1000 ADIVINANZAS

UN RASGO DE SABIDURIA POPULAR

1000 ADIVINANZAS

UN RASGO DE SABIDURIA POPULAR

F-(01)

DR. NÉSTOR JULIO FORNÉS

Título:

1000 ADIVINANZAS

Subtítulo:

Un rasgo de Sabiduría Popular

Autor:

Dr. Néstor Julio Fornés

Diseño de Portada:

Anthony Iván Guilarte

anthonyguilarte@gmail.com

Diagramación:

Dr. Néstor Julio Fornés

fornesnestorjulio.1953@gmail.com

Edición:

Dr. Néstor Julio Fornés

fornesnestorjulio.1953@gmail.com

Impression:

KDP-AMAZON.COM (Printed in U.S.A.)

Estados Unidos de Norteamérica

Marzo/2024

CONTENIDO

DEDICATORIA

A

Mi esposa: Reyna Margarita Martínez de Fornés
por su apoyo incondicional en
todos mis proyectos.

A

Mis hijos y nietos: Reynés, Yrenes y Néstor Jr. Fornés,
Nayeli y Carlos Espaillat Fornés,
Alexander y Penélope Guilarte Fornés.

Por ser la razón de mi vivir
buscando cada día ser el
mejor ejemplo a seguir.

A

Al amigo: Henry Cueto por ser la chispa
inspiradora a valorar, recopilar
y disfrutar de las adivinanzas.

PREFACIO

En el rincón de mi alma, donde los versos danzan al compás de la imaginación, encuentro mi deleite como novel escritor, como fanático desde mi infancia al mundo de las adivinanzas, sobre todo las que deleitaron tantos momentos de mi universo infantil y adolescente.

Hoy, como un amante a ser tejedor de palabras, me fascina entrelazar rimas que despiertan la curiosidad y desafían la mente a descifrar los enigmas ocultos entre líneas. Cada estrofa que encuentro es como un misterio esperando ser revelado, y me sumerjo en el arte de desvelar verdades camufladas bajo el velo de la poesía.

Las adivinanzas, como hilos de un telar poético, han sido compañeras fieles de la sabiduría popular a lo largo de los siglos. En las plazas bulliciosas y en las tranquilas noches junto al fuego, las adivinanzas han sido el eco de la sapiencia transmitida de generación en generación. En ellas, se encierra la esencia de la observación aguda y la astucia, pues para resolverlas se requiere no solo de conocimiento, sino también de intuición y perspicacia.

Las adivinanzas asonantes, con su musicalidad sutil, añaden un toque poético a este juego del ingenio. Las rimas son como melodías que guían al lector por el laberinto de la mente del creador. Cada verso resuena con una armonía que eleva la experiencia de descifrar el enigma, convirtiendo el proceso en un viaje poético y enriquecedor.

La relación entre las adivinanzas asonantes y la sabiduría popular es profunda y arraigada. Estas pequeñas joyas literarias no solo entretienen, sino que también transmiten lecciones de vida, tradiciones culturales y observaciones agudas sobre el entorno. Son como cuentos cortos que encierran la sabiduría del pueblo, capturando la esencia de la experiencia humana en formas simples pero profundas.

En la tradición oral, las adivinanzas han sido mensajeras de la cultura, llevando consigo la identidad de una comunidad. A través de ellas, se preservan costumbres, se celebran los misterios de la naturaleza y se comparten reflexiones sobre la condición humana. En cada acertijo, late el pulso de la historia y la sabiduría acumulada a lo largo del tiempo.

Como aficionado a las adivinanzas, me sumerjo en este vasto océano de conocimiento popular, buscando capturar la esencia de la tradición y la magia que envuelve a estas pequeñas maravillas lingüísticas. Cada palabra es una gota que contribuye al río de la sabiduría colectiva, fluyendo a través del tiempo y conectando generaciones. En conclusión, mi gusto profundo por las adivinanzas se constituye en un viaje poético que se entrelaza con la rica tradición de la sabiduría popular. A través de la magia de las adivinanzas, busco no solo desafiar la mente, sino también compartir la riqueza cultural y el conocimiento acumulado a lo largo de los siglos. En cada adivinanza, sea asonante, consonante, de rima libre o blanca, resuena la voz de la comunidad, tejida con hilos de poesía y sabiduría. En las entrañas mismas de la sabiduría popular, entre los susurros de la tradición oral y los ecos de generaciones pasadas, se encuentra un tesoro literario que despierta la mente y cautiva el ingenio: Las Adivinanzas, lo cual hoy recogemos en esta fascinante obra. Este libro es un viaje encantador hacia el corazón abierto de la cultura, donde las palabras se convierten en enigmas, y las respuestas revelan más que soluciones; revelan la riqueza de la creatividad humana.

"Las Adivinanzas" como: Rasgo de Sabiduría Popular, son un testimonio de la persistencia de formas de expresión que trascienden el tiempo y las fronteras. Desde los confines de pequeñas aldeas hasta los bulliciosos centros urbanos, las adivinanzas han sido guardianas de la sagacidad popular, transmitiendo conocimientos de generación en generación.

Este compendio no solo busca desentrañar acertijos ingeniosos, sino también explorar el tejido cultural que los sustenta. Las adivinanzas son más que meros juegos verbales; son reflejos de la cosmovisión de comunidades enteras que capturan la esencia de sus mitos, tradiciones y modos de pensar. Este libro se propone descifrar no solo las respuestas a los enigmas, sino también los misterios más profundos de la sabiduría popular arraigada en la idiosincrasia de cada lugar. Cada página es una invitación a la reflexión, a un diálogo con la tradición y la modernidad. A medida que nos adentramos en estas adivinanzas, descubrimos un legado que ha desafiado el olvido y se ha erigido como un puente entre el pasado y el presente.

Así mismo, los invito a que nos embarquemos en este maravilloso viaje a través de las adivinanzas, a desentrañar la esencia misma de la sabiduría popular que ha perdurado a lo largo de los siglos. Que estas páginas no solo sean una búsqueda de respuestas, sino también un homenaje a la chispa creativa que ha encendido la mente de innumerables generaciones. En las páginas que siguen, los lectores se embarcarán con el autor y el señor Henry Cueto, su ente inspirador, en un viaje encantador recorrido a través de las entrañas de la sabiduría popular, donde las palabras se convierten en enigmas y las respuestas revelan, repito, la riqueza de la creatividad humana.

Este libro, dedicado a las adivinanzas, es más que un compendio de acertijos ingeniosos; es un testimonio de la persistencia de formas de expresión que trascienden el tiempo y las fronteras como lo demuestra vivamente el amigo Henry Cueto. Las adivinanzas han sido guardianas de la sagacidad popular, transmitiendo conocimientos de generación en generación, desde los confines de las aldeas más pequeñas y remotas hasta los impresionantes centros urbanos dibujados por rascacielos.

Las adivinanzas son reflejos de la cosmovisión de comunidades enteras, capturando la esencia de sus mitos, tradiciones y modos de pensar. Estas "1000 Adivinanzas", un rasgo de sabiduría popular, insisto, es un homenaje a la chispa creativa que ha encendido la mente de innumerables generaciones. No se trata únicamente de encontrar respuestas a los enigmas, sino de desentrañar los misterios más profundos de la sabiduría arraigada en la idiosincrasia de cada lugar, como ya hemos dicho. Las palabras entrelazadas en estas adivinanzas son testimonios vivos de la conexión humana, trascendiendo barreras culturales y conectando a personas a través del tiempo. A medida que avanzamos por estas páginas, nos sumergimos en un maravilloso viaje que revela la esencia misma de la sabiduría popular, la cual ha perdurado a través de los tiempos. Que estas páginas no solo sean una búsqueda de respuestas como dije anteriormente, sino también un tributo a la creatividad que ha iluminado la mente de generaciones pasadas y presentes. Seamos parte de este encantador trayecto por los misterios y encantos que yacen entre las líneas de las adivinanzas, un legado que persiste como una llama eterna de la imaginación humana.

¡Que disfruten de este fascinante recorrido por los recovecos del ingenio, la gracia natural y la sabiduría popular que se han reflejado, se reflejan y que seguirán reflejándose a través de las adivinanzas y la pasión que por ellas sienten el señor Henry Cueto y este escritor.

SR. HENRY CUETO

F-(02)

AGRADECIMIENTO

El agradecer al amigo Henry Cueto, Inspirador de este libro: "1000 Adivinanzas", un rasgo de sabiduría popular" no solo es un gesto de honor, sino también un reconocimiento elocuente de la notable contribución a su contagioso pasatiempo favorito, el mundo de las adivinanzas. La elección de las palabras, como su forma de entretener a cualquier conglomerado, revela un profundo y merecido aprecio que debemos tenerle por su inenarrable creatividad, resaltando su agudo sentido del humor y su prodigiosa memoria.

Esta dedicatoria se erige como un monumento literario, celebrando no solo la habilidad singular de Henry Cueto para la creación y expresión de adivinanzas, sino también su capacidad excepcional de retener y compartir con su gente, en el momento que sea necesario, este gran tesoro verbal como son las adivinanzas.

El término "ingeniosidad" es una creación literaria en sí misma, fusionando las ideas del ingenio con la novedosa expresión que sugiere originalidad y astucia. La mención de las adivinanzas como imprescindible eslabón en la "cadena de tradiciones" que hacen resaltar la idiosincrasia de un pueblo subraya la importancia de preservar y compartir estos tesoros como parte integral de la sabiduría popular.

El resaltar el uso extraordinario de las adivinanzas como concepto literario que adorna las cualidades del amigo Henry Cueto, no solo expresa mi gratitud, sino que también sitúa a este ejemplo del folclore dominicano como una joya muy valiosa en los tesoros de la transmisión cultural, asegurando que su contribución perdure en las páginas de esta obra y más allá. Este agradecimiento se convierte así mismo en un tributo literario, una expresión sincera que trasciende las palabras y resalta la importancia de preservar y celebrar las riquezas de la tradición oral.

¡ Gracias amigo Henry Cueto, por su natural e inspirador arraigo cultural, esencialmente por su demostrado amor a esta folclórica pasión: Las Adivinanzas..!

- I -

F-(03)

En una de las esquinas olvidadas del tiempo, entre las risas de los niños, adolescentes, adultos y los susurros de los ancianos, se oculta un tesoro literario que ha resistido las corrientes del olvido y ha tejido su esencia en el corazón mismo de la sabiduría popular.

"Las Adivinanzas" son una travesía por el alma de la Sabiduría Popular, son un ingenioso laberinto donde las palabras y expresiones se convierten en enigmas, y las respuestas desvelan secretos ancestrales, un legado que resuena en la tradición oral de comunidades que han dejado su huella en el tejido cultural de la humanidad. Tanto usted querido lector, como este humilde escritor, nos estaremos sumando al Señor Henry Cueto y su original pasión por las adivinanzas; Con él nos sumergimos en una recopilación de ingeniosos acertijos, a un viaje literario que nos lleva por senderos escondidos, donde las palabras danzan entre sí para revelar no solo soluciones, sino también el latido de la misma vida cotidiana. Aquí, cada adivinanza es un eco de antiguas conversaciones y un portal hacia la riqueza de la creatividad humana.

Nos adentraremos en estas páginas como quien se aventura en un bosque encantado, donde las metáforas son senderos y las respuestas son destellos de sabiduría. Exploraremos el sinuoso camino de la tradición oral, descubriendo cómo las adivinanzas han sido testigos de risas compartidas en veladas, mortuorios, velatorios, fogatas de suspiros en penumbras y de la conexión única entre generaciones que comparten el hilo invisible de la cultura en los momentos de aglomeraciones humanas.

Desde las colinas de América Latina hasta las llanuras africanas, desde los rincones de Asia hasta los caminos europeos, cada adivinanza es un fragmento de la narrativa universal de la humanidad. Este libro busca no solo desentrañar acertijos, sino también celebrar el ingenio, la creatividad y la profundidad de la sabiduría popular que se esconde detrás de cada palabra cifrada. En "Las Adivinanzas", no solo encontramos respuestas; Encontramos un diálogo con el pasado, una celebración de la diversidad cultural y un recordatorio de que, a través de estas travesías literarias nos conectamos con algo más grande que nosotros mismos: "La esencia misma de la sabiduría que trasciende el tiempo y el espacio".

¡Abordemos sin demora la nave que nos sumergirá en un viaje donde las palabras son claves para desbloquear el alma de la sabiduría popular! Veamos estas verdades en ejemplos de carne y hueso, de la magia contagiosa que encierran las adivinanzas, con protagonistas que han buscado y buscan que las mismas se mantengan en el gusto popular como es el caso del señor Henry Cueto y quien escribe, quienes somos fieles y apasionados seguidores de su grandeza y de sus gracias.

El destino nos arregló el que, coincidencialmente, viajáramos juntos solo él y yo en el trayecto del pueblo de la Romana, en el Este del país a la ciudad capital, Santo Domingo, que aproximadamente se toma unas 4 horas de viaje ida y vuelta; Y les confieso que si no le hubiera sucedido a este servidor no lo creería, pero sí realmente así sucedió; Fuimos y vinimos a ese viaje sumidos en un unísono concierto de adivinanzas, con un ensimismado público formado solamente por mí, en un inagotables flujo de adivinanzas que se le oía contar a Henry Cueto, y que disfrutamos a plenitud los dos; Y, para mi asombro, sin tocar un papelito, sino que todas las adivinanzas les salían de su mente donde las tenía almacenadas y que exteriorizaba de una forma tan natural y fluyente como si fuera la cinta grabada de un interminable repertorio.

Le aseguro, amable lector, que en algún breve momento de las poquísimas pausas hechas en su increíble vaciado de memoria, pudo referirme que: "No olvida el momento de un día cualquiera de su jocosa existencia, como lo había experimentado en muchísimas ocasiones, le tocó ser parte esencial de uno de los velorios a los que estaba acostumbrado por los tantos a los que había asistido; Declarándome que en esa ocasión, como en ninguna otra, se sintió sumergido en la más profunda e indescriptible tristeza, que se sintió envuelto en la más enardecida sensación de impotencia frente a la imposibilidad de revertir la penosa situación que vivió con la ida a destiempo de uno de los seres más queridos al momento". Supongo yo, ahora, que se trató de la partida de uno de su progenitores; Me juró que en ese episodio de vida recuerda claramente que: "Ahí se consumía postrado ante el féretro inerte que al igual que él marcaban el mismo punto central de un angosto y entristecido salón.

Que en la escena, ambos se veían y sentían arropados por la acongojada multitud que circundaba todos los espacios de una sofocante habitación, donde no había más sonido que el llanto compungido de muchísimos dolientes que como él copaban toda la reducida área de unos 10 x 12 pies cuadrados de extensión en anchura y altura.

Pero que sin embargo, paradójicamente, a poquísima distancia de ese indescriptible ambiente de colores negro y blanco, entre pañuelos lagrimeados, rosarios, mantillas y los sollozos que hacían contagiar de pesadumbre la atmosfera respirada, él en un momento dado obedeció a su intuición y sacó la cabeza del umbral de acceso a la habitación de dolientes y se percató o cayó en cuenta de que al traspasar tan solo el marco de esa puerta se desdibujaba otro mundo totalmente muy diferente al que él estaba viviendo en sus adentros, y en interior del velorio.

Ahí afuera estaba configurado lo que en el argot pueblerino se nombraba un mar de gente, personas de todas las edades, vestidas de todos los colores, interactuando y platicando de los más diversos temas sociales, políticos-partidistas, deportivos, religiosos y humanos de cuantas vertientes nos podríamos imaginar.

Y, que al echar una somera mirada al entorno se podía notar diferentes separaciones de grupos, unos de seis, diez, de quince y otros hasta de unos 20 participantes, que al juzgar por su estado de ánimo, muy ameno y jocoso se sentían muy a gusto y ajenos al sentimiento profundo que reinaba en el interior del área que envolvía a Henry Cueto, el féretro y el pequeño tumulto que ejemplificaba el sentido humano de velar un difunto".

Este término de Velorio, aunque si es cierto que la Real Academia de la Lengua modernamente lo señala como: "Reunión con bailes, cantos y cuentos que durante la noche se celebra en las casas de los pueblos, por lo común con ocasión de alguna faena doméstica", no es menos cierto que para los tiempos del amigo Henry Cueto, un velorio se traducía en acompañar toda la noche a los familiares y allegados cercanos de un difunto que por alguna razón no se le había podido dar sepultura en horas de la claridad del día.

Esto equivalía a que la familia estaría obligada a no dormir esa noche, sino que se mantendría en guardia del difunto, por lo que se requería de la solidaridad de toda la comunidad cercana para que le acompañara sin dormir en ese mortuorio, en esa guardia nocturna, por lo que era necesario echar mano de todos los recursos colectivos de entretención que pudieran aparecer para ayudar a los familiares, amigos y allegados a pasar toda la noche en vela. De ahí la importancia de los atributos naturales que posee Henry Cueto para entretener grupos con sus adivinanzas, cuentos, refranes, chistes y demás, como lo refleja su hoja de vida en su muy breve reseña biográfica, veamos:

"Henry Cueto, de Magarín del Seibo, República Dominicana (1967), la chispa inspiradora y motivadora de 1000 Adivinanzas, un rasgo de sabiduría popular es un personaje fascinante, de alma singular, que emerge de los campos de nuestra Quisqueya la bella con una memoria prodigiosa y una habilidad innata para entretener a grandes y chicos con sus miles de adivinanzas, refranes y cuentos cortos. Virtudes con los cuales también ha sacado de apuros a cientos de vecinos, amigos y familiares que se han visto compelidos a montar guardia en los velorios, veladas, bakinís y mortuorios que han sido parte intrínseca de la cultura y del folclore de los campos de la República Dominicana.

A pesar de nunca haber cruzado los umbrales de una escuela formal, este joven prodigioso desafiaba la ignorancia con una memoria excepcional. Su don para memorizar acertijos, historias, cuentos y anécdotas, desde muy jovencito le ha valido el apodo de "El Papá de las Adivinanzas".

Henry Cueto creció inmerso en la rica tradición oral de su entorno campestre, absorbiendo la sabiduría popular en los diferentes eventos de su comunidad socio-familiar. Su padre, Narciso Cueto, también aficionado al buen entretenimiento de grupos le transmitió y heredó esta costumbre arraigada en el folclore del país.

A pesar de la falta de educación escolar y preparación académica, Henry se convirtió en un autodidacta de la cultura popular, convirtiéndose en un verdadero custodio de las tradiciones y expresiones de la tierra que lo vio nacer.

Como joven curioso, inteligente y sin miedo escénico para hablar en público, Henry Cueto le hizo caso a su hermana Juana quien intuyendo sus condiciones sobrenaturales de memoria lo sonsacó para dejar el campo y lanzarse en busca de nuevos horizontes en las urbes pueblerinas. Es como llega a establecerse entonces a principios de los años ochenta en la ciudad de La Romana donde ha trabajado arduamente para adaptarse a la modernización de la vida urbana, pero sabiendo que su corazón siempre quedó conectado a las raíces de su infancia y los plácidos verdores de los entrañables campos que le vieron nacer.

Ya como adulto, con responsabilidad familiar, mujer e hijos, laboró de sol a sol una docena de años en la empresa Central Romana y ahora por décadas ya con sus mentores, Dres. Víctor Santana Pilier y Raquel Morla de Santana en su empresa Luvisa S. A. desde donde, esporádicamente ha estado, con la anuencia de sus empleadores, regresando a sus campos de orígenes por invitación de amigos y familiares a formar parte de la entretención necesaria en velorios y mortuorios sucedidos a ultranza, contribuyendo así a mantener vivo el folclore de la vida campestre de su añorado lar.

Henry Cueto personifica la gran riqueza cultural y la transmisión oral de la sabiduría popular. Su historia refleja la importancia de preservar y valorar las tradiciones locales, incluso en un mundo de constantes cambios, como los que estamos experimentando hoy día.

Su destreza no reside en complicadas fórmulas académicas, sino en el arte de entretener con miles de adivinanzas, refranes y cuentos cortos, que son grabados en su memoria y resguardados por él como custodio del tesoro invaluable que constituye el patrimonio cultural y la sabiduría popular del campesino dominicano.

Con el don de memorizar todo desde su más tierna juventud, Henry Cueto ha estado honrando su gran habilidad para heredar y retener las valiosas joyas lingüísticas que han permeado su entorno. Un legado que no solo proviene de sus padres y la tierra que lo vió nacer, sino también de los rituales arraigados en el folclore dominicano.

La historia de Henry Cueto es un canto a la riqueza cultural que trasciende las barreras de la educación formal. Su vida, tejida con las hebras de las tradiciones orales, demuestra que la verdadera sabiduría no siempre se encuentra en los libros, escuelas y universidades, sino en el corazón de aquellos que abrazan las historias de su tierra con pasión y dedicación".

Y, me siguió contando el amigo Henry Cueto que; "Lo que percibía él dentro de la habitación, donde reinaba un absoluto silencio, solamente quebrado por los sollozos y el llanto compungido de los circundantes al féretro contentivo de los despojos mortales del ser querido resultaba en extremo chocante al hacer la comparación de lo que se apreciaba en esa otra multitud bajo una enorme carpa blanca que se extendía a todo lo largo y ancho de la calle.

Que cualquier persona normal podría caerse del asombro que le provocaría la diferencia del silencio sepulcral de esa habitación y el panorama general cubierto por la gran carpa, donde se podía ir observando a cada uno de los grupos que entre carcajadas, unos, y poses pensativas y meditabundos otros, se lograba distinguir al grupo más numeroso en que se notaba a los atentos participantes más concentrados pensando, analizando y respondiendo, según consideraban, lo que les preguntaba un reducido grupo central que aparentemente dirigía a la multitud. A la aglomeración se le planteaban las famosas adivinanzas para que, individualmente, respondiera en voz alta la correcta respuesta, si era que la sabía, o si no cada una de las personas de la aglomeración tenía derecho a expresar lo que a su juicio, experiencia e inteligencia natural, significaba lo que se les acaba de preguntar.

Y como es de entenderse, los que no sabían las respuestas correctas trataban de adivinarlas provocando una enorme cantidad de respuestas que salían por cada adivinanza a fin de llevarse el logro de acertarlas; Las cuales eran conclusiones mayormente alejadas de lo real, conllevando entonces a la creación de la más chistosa y graciosa oleada de respuestas de doble sentido y jocosidades que arrancaban la risa de los participantes envueltos en un eterno pasatiempo y entretenimiento que obnubilaba el discurrir de las horas".

Siguió planteando Henry Cueto que en ese momento: "Se quedó atónito, se paralizó al ver el gran interés de las personas participantes, de lo que estaba ocurriendo allí en torno a LAS ADIVINANZAS, lo cual le hizo inmediatamente transformarse, sentirse en su verdadero mundo y dejar salir de sus labios una leve sonrisa de aceptación, dejándose entrever a sí mismo que sabía perfectamente lo que ahí estaba pasando ya que le resultaba muy familiar y propio el sabor de ese ambiente cotidiano que manejaba al dedillo desde jovencito".

Su pensamiento giró, al instante, en torno a lo que significaba encontrarse frente a la realidad del momento; Dos puntos tan disímiles, que de pronto no le permitía decidir si volvía al espacio de donde había salido impregnado de un profundo sentimiento de dolor o se integraba al murmullo colectivo del entorno exterior el cual él muy bien conocía y entendía que era el más idóneo para mantener presente y con los ojos abiertos a esa multitud en toda la noche.

Se sintió como pez en el agua y, entendió que había llegado por fin a su lugar de acción, de aportar al momento lo que más sabía hacer y donde se sentiría perfectamente muy bien valorado, lanzando sin parar cientos de adivinanzas. Pues como lo describiría la articulista de Editorial Etecé, Mariola Báez: "Él donde quiera que llegara se podría destacar, y lo haría, por su ingenio, por el fácil jugar con palabras e ideas de doble sentido, muchas de las cuales disparan la imaginación de los más mal pensados, generando grandes risotadas entre amigos o incluso familiares, con adivinanzas picantes para adultos, ¡capaces de amenizar cualquier velada con las que poner a prueba la picardía y el sentido del humor de los que le rodeaban!".

De manera que todas esas adivinanzas lanzadas por el señor Henry Cuetos en el viaje que hicimos juntos, ese mencionado velorio, y en los cientos más que le han tocado asistir y animar, son las que hemos tratado de recoger para usted, querido lector, en este compendio de: "1000 adivinanzas, un rasgo de Sabiduría Popular".

Por otro lado, este servidor, ante la inquietud del mismo protagonista e inspirador de este libro, Henry Cueto, y unos que otros aficionados al mundo de las adivinanzas, sobre si: "¿En la actualidad se encuentran materiales organizados e impresos en torno a este ingenioso pasatiempo que forma parte esencial de la cultura y folclore de los pueblos de América Latina y el mundo?"; Me permito asegurarles que Sí, ciertamente existen libros y otros materiales impresos que recopilan adivinanzas de diversas culturas y temáticas. Estos libros ya existen y suelen ser una excelente manera de agregar a su acervo cultural, amable lector, otra inmensidad de adivinanzas que pueden agregar a su repertorio para disfrutar y compartir con amigos, familiares o inclusive en el contexto educativo.

Aquí dejamos algunas recomendaciones:

1)- **"Adivinanzas para niños"** de Gloria Fuertes, Madrid, España (1917-1998), una destacada autora de literatura infantil en español que recopila una gran variedad de adivinanzas diseñadas especialmente para niños.

2)- **"Adivinanzas con beso para las buenas noches"** de Raquel Díaz Reguera, Sevilla, España (1974), en el cual ofrece adivinanzas tiernas y divertidas para leer antes de dormir, acompañadas de ilustraciones encantadoras.

3)- **"Adivinanzas para leer antes de dormir"** de Víctor Carvajal, Santiago de Chile (1944), una colección de adivinanzas que estimulan la imaginación y el ingenio de los niños. Incluye ilustraciones coloridas y atractivas.

4)- **"Adivinanzas para mayores de 8 años"** de El Gran Juego de la Adivinanza. Este libro está dirigido a niños mayores de 8 años y presenta adivinanzas más desafiantes y complejas que estimulan el pensamiento crítico.

5)- **"Adivinanzas de siempre"** de Concha López Narváez, Sevilla, España (1939), una recopilación de adivinanzas tradicionales que han perdurado a lo largo del tiempo, ofreciendo un vistazo a la riqueza cultural de este tipo de pasatiempo.

6)- **"Adivinanzas Dominicanas"** de Manuel Ruedas, Monte Cristi, República Dominicana (1921-1999).

7)- **"Las adivinanzas"** de Brunilda Altagracia Contreras Núñez, Salcedo, República Dominicana (1949).

8)- **"365 adivinanzas"** de Saldaña, en Editorial Saldaña, Dominicana.

9)- **"Teoría de las adivinanzas"**, Ramón Almela Pérez, Dominicano.

10)- **"El libro de las adivinanzas"** de Esther Villardón, Dominicana.

11)- "Adivinanzas de la enseñanza de la lengua" de la Academia Educa. Dominicana, entre otros cientos de materiales más.

Este brevísimo listado es solo un ejemplo de que hay mucho material disponible, y hay muchísimas más opciones en Amazon, Editorial Santuario y otras editoriales, internet, librerías, bibliotecas, etc. Al explorar estos libros, puedes descubrir adivinanzas de diferentes culturas y regiones, así como disfrutar de la diversidad de temas que abordan.

Las adivinanzas como concepto, según las ha definido el **Diccionario Oxford:** "Son de nombre femenino y es una frase, conjunto de versos, etc. en las que se describe una cosa de manera indirecta o enigmática para que alguien adivine de qué se trata, a modo de pasatiempo o entretenimiento". También, encontramos que las adivinanzas de acuerdo a una publicación de **Editorial Etecé y la Enciclopedia Concepto,** son definidas como: "Una forma de acertijo sencillo, generalmente rimado, en el que se describe de manera enigmática o figurada un referente concreto, para que la otra persona intente descubrirlo. Se trata, al mismo tiempo, de una forma de juego popular, así como de un instrumento de enseñanza para los niños empleado con mucha frecuencia en escuelas, libros infantiles y en la propia familia".

Las adivinanzas a menudo incluyen en su formulación juegos de palabras, giros lingüísticos y otros mecanismos creativos, así como diferentes métodos de rima y musicalidad, dependiendo del idioma. Por ello, a menudo se distinguen del acertijo propiamente dicho, pues la adivinanza suele tener una estructura lingüística más rica y compleja, razón por la cual académicamente se la clasifica dentro de la lírica, así como de la tradición literaria popular.

Por otro lado la institución **Enciclopedia Ejemplos** en su página web **www.ejemplos.com** nos asegura que: "Las **adivinanzas** son una forma de acertijo expresadas en un **enunciado.** El enigma se basa en describir algo (por ejemplo, enumerar características) pero dejando de lado la característica central que lo haría reconocible".

Sostiene también que: "Son populares como juegos infantiles pero también entre los adultos. Forman parte de todo tipo de historias, desde mitológicas (como en la historia griega de Edipo), como en ficciones televisivas o cinematográficas de misterio o policiales (como en

Indiana Jones). En español, habitualmente se utiliza la **rima** y los **juegos de palabras**. En estos últimos, la respuesta está contenida en la adivinanza misma. Algunos autores distinguen las adivinanzas de los acertijos por estas tener una forma en verso.

Sin embargo, en el **habla coloquial** se utiliza el término adivinanza incluso si no se enuncia el enigma en verso. En los casos en que sí están enunciados en verso, pueden tener diversas métricas, aunque son frecuentes los versos octosílabos". Las **adivinanzas,** definitivamente, vemos que han estado formando parte de la **tradición oral,** es decir que se transmiten de generación en generación y permanecen en la memoria de las comunidades, incluso si no han sido escritas. Como es el caso que nos ocupa y como lo confirma la reseña biográfica del amigo Henry Cueto.

ORIGEN DE LAS ADIVINANZAS

De acuerdo al criterio planteado en **www.ejemplos.co** "Se ignora el origen de las adivinanzas, pero la mitología de las civilizaciones antiguas es abundante en enigmas y acertijos. Por ejemplo, la célebre Esfinge de Edipo (un animal fantástico de cabeza de mujer, cuerpo de león y alas de águila), que custodiaba la entrada de la ciudad de Tebas, le hacía una adivinanza a cada transeúnte y, si este fallaba en su respuesta, lo devoraba.

La adivinanza, que Edipo contestó correctamente, era la siguiente: *¿Cuál es el ser vivo que camina en cuatro patas al amanecer, en dos patas al mediodía y en tres al atardecer?* Y la respuesta de Edipo fue: *El hombre, pues en su infancia anda a gatas, durante su vida camina y en la vejez se apoya en un bastón para andar".*

Por otra parte, **www.concepto.co** sostiene que: "Una **adivinanza** es un tipo de acertijo con forma de enunciado, usualmente rimado, que describe algo en forma indirecta, figurada o críptica para que quien la escucha descifre de qué se trata. Para eso, la adivinanza contiene pistas y señales disimuladas, cuya recomposición dará con la clave para resolver el enigma. Aunque no hay una estructura formal para este juego de palabras, la métrica de las adivinanzas en español suele componerse de versos octosílabos, con estrofas de dos o cuatro versos y rimas asonantes o consonantes. Generalmente, las adivinanzas están dirigidas al público infantil, por lo que suelen tratar sobre objetos simples. Sin embargo, también existen las adivinanzas para adultos, que pueden ser más complejas". Y, agregamos nosotros, que tradicionalmente las adivinanzas en República Dominicana han sido, y son actualmente, utilizadas por las generaciones de adolescentes y más adultas, enmarcadas dentro del contexto del entretenimiento grupal.

La estructura común de las adivinanzas presenta dos partes muy importantes para los aficionados a este entretenimiento, que son la **Fórmulas introductorias**, como "adivina, adivinador" o "a que no lo adivinas, voy" y algún tipo de **Elemento orientador**, que introduce las pistas necesarias para hallar la respuesta, a menudo descomponiendo sus palabras o disfrazándolas en un contexto en el que pueden pasar desapercibidas. Por ejemplo: *"agua* pasa por mi casa / *cate* de mi corazón" (respuesta: el *aguacate*).

Si bien se ignora cuál fue el origen de las adivinanzas, se tiene registro de su presencia en la antigüedad remota, en textos transcritos, leyendas clásicas o incluso en la misma Biblia, que fue el primer libro impreso por Gutenberg.

Su nombre proviene de las voces latinas *ad-* ("hacia") y *divinus*i ("divino", "relativo a los dioses"). Es decir que perpetúan la lógica muy humana y muy ancestral de querer develar lo oculto, hallar las respuestas de lo misterioso, de aquello que reta su entendimiento y que inicialmente se asoció con lo divino.

CARACTERÍSTICAS DE LAS ADIVINANZAS

En general, las adivinanzas se caracterizan por:

1- Desafío mental ya que estas requieren que la persona piense de manera creativa y analítica para deducir la respuesta correcta. A menudo, se juega con las palabras, la fonética o las asociaciones de ideas.

2- Imaginación y metáforas; Las adivinanzas suelen utilizar metáforas, juegos de palabras y descripciones ingeniosas para representar algo de manera indirecta. Esto estimula la imaginación del oyente o lector.

3- Variedad de temas; Las adivinanzas pueden abordar una amplia variedad de temas, desde objetos cotidianos hasta animales, plantas, fenómenos naturales, partes del cuerpo, las matemáticas, entre otros. La diversidad de temas permite que las adivinanzas sean versátiles y atractivas para personas de diferentes edades.

4- Transmisión cultural; Las adivinanzas suelen transmitirse de generación en generación, formando parte de la tradición oral en muchas culturas. A menudo, se utilizan como una forma lúdica de enseñar y transmitir conocimientos.

5- Juegos populares, Esto así porque algunas culturas organizan con ellas eventos y competiciones en los que los participantes deben resolver las adivinanzas. Estos juegos no solo son entretenidos, sino que también están destinados a fomentan el pensamiento rápido y la creatividad.

Las adivinanzas no solo son divertidas, sino que también promueven el desarrollo del pensamiento lógico. Además, son una forma interesante de explorar el lenguaje y jugar con las palabras.

En definitiva, las adivinanzas son una forma de juego de palabras y de pensamiento transmitida por escrito u oralmente de una generación a otra.

Generalmente están dirigidas a un público infantil cuando las enmarcamos dentro del concepto de la Educación por lo que tratan sobre los distintos animales, objetos cotidianos o referentes fácilmente reconocibles, aunque disfrazados a través de una descripción de tipo poética.

También hay una inmensidad de adivinanzas dirigidas a un público adulto, sobre todo con carácter de entretenimiento a determinadas aglomeraciones de personas y en determinadas ocasiones, como es el caso de Henry Cueto que nos ocupa en este libro.

Las adivinanzas se resuelven a través del uso de la imaginación, tratando de descifrar a través de las pistas provistas a qué cosa se refieren. Estas presentan una rima o musicalidad, generalmente a través de versos octosílabos (de ocho sílabas), como ya hemos visto.

FINALIDAD DE LAS ADIVINANZAS

Como la mayoría de los juegos de ingenio y de palabras, las adivinanzas no tienen un cometido más allá del **entretenimiento**. Sin embargo, suelen ser empleadas como instrumento pedagógico, es decir, en la educación infantil, para **fomentar así la imaginación, el pensamiento** deductivo **y la** reflexión sobre el lenguaje. De hecho, son comunes en los libros de texto y canciones infantiles. Además, estas son una muy buena forma de iniciarse en el mundo de la metáfora y la descripción. Por lo tanto hay una enorme variedad de adivinanzas que por su enfoque pueden ubicarse en diferentes categorías y nombres.

Entre las mismas podemos nombrar las adivinanzas cortas, largas, de animales, las de frutas, las picantes o de adultos, las difíciles, las fáciles, de familia, de cosas comunes, de matemática, las doble sentido, historia y cultura, objetos cotidianos, la naturaleza, pensamiento lógico, románticas, de parejas, de amor, de novios, de enamoramiento, etc.

Como dijimos anteriormente, Henry Cueto sin lugar a dudas, nació con la vocación y el ingenio natural de entretener a la gente; Y al salir de la habitación de los dolientes más cercanos, aunque él también lo era, se acercó al grupo más numeroso, se escabulló entre la multitud y como Pedro por su casa, como pez en el agua, al poco tiempo ya estaba en el centro del grupo que dirigía la actividad de entretenimiento e inició lo que tanto sabe hacer, desarrollar su talento innato de lanzar adivinanzas.

He aquí algunas de ellas, ubicadas de acuerdo a sus estampas y campos de interés: Sobre la Fauna, el Ser Humano, la Flora, Lugares y Tiempo, Cosas de la naturaleza, Objetos y cosas varias, Picantes o Doble sentido, sobre las Matemáticas, de Argumento Ingenioso y de Conceptos Infantiles.

F-(04)

- II -

100 ADIVINANZAS
RELACIONADAS CON LA FAUNA

F-(05)

En el dorado amanecer de las páginas de "1000 Adivinanzas, un rasgo de sabiduría popular", se despliega un tapiz de enigmas que danzan al ritmo de la naturaleza. Este segundo capítulo, titulado 100 adivinanzas relacionadas con la Fauna", es un caleidoscopio de adivinanzas que nos sumerge en el fascinante reino animal. Desde las profundidades de la selva hasta las alturas del cielo, cada adivinanza es un portal hacia la comprensión y aprecio de las criaturas que comparten nuestro planeta.

Las adivinanzas, como aves misteriosas, vuelan desde las páginas, llevándonos por un viaje poético a través de la biodiversidad; La fauna se convierte en protagonista, y en cada acertijo se esconde una pista hábilmente tejida para que el lector descubra la esencia de cada criatura; Las palabras se convierten en hojas de un bosque encantado, y cada respuesta revela un rincón secreto de la maravillosa creación natural. Desde el majestuoso león que ruge en la sabana hasta el sigiloso colibrí que zumba entre las flores, las adivinanzas capturan la diversidad y la belleza de la fauna.

Cada pregunta es una ventana que se abre hacia el conocimiento, animando al lector a reflexionar sobre la singularidad de cada ser vivo. La poesía se convierte así en un vehículo para explorar la vastedad del reino animal y conectarse con la sabiduría intrínseca que yace en cada criatura. A medida que las adivinanzas se despliegan, se revela una sinfonía de sonidos y colores que caracterizan a nuestros compañeros de este viaje terrenal. Las descripciones ingeniosas despiertan la curiosidad, invitando al lector a observar más de cerca el mundo natural que nos rodea.   La fauna se convierte en un rompecabezas poético, y las respuestas son las piezas que encajan para revelar la imagen completa de la armonía biológica. Este segundo capítulo no solo es un tributo a la diversidad animal, sino también un testimonio de la conexión entre la poesía y la sabiduría.

Cada adivinanza es una puerta hacia la comprensión de la naturaleza, y el lector se convierte en un explorador que descubre secretos ocultos en el tejido de la vida. La poesía se convierte así en un medio para apreciar y respetar la fauna que comparte el planeta con nosotros. En conclusión, el capítulo relacionado con la Fauna es un viaje encantador a través de 100 adivinanzas que celebran la diversidad de la vida animal. Cada palabra es un tributo a la naturaleza, y cada respuesta es un eco de la sabiduría que reside en el reino animal.

Este primer paso del compendio 1000 Adivinanzas, un rasgo de sabiduría popular invita al lector a sumergirse en el misterio de la fauna, descubriendo la conexión entre la poesía y la profunda comprensión de nuestro entorno natural.

01- En el monte fui nacido,
en el monte fui criado,
en el monte me pusieron
mi gorrito colorado.

02- ¿Quién, allá en lo alto,
en las ramas mora
y allí esconde, avara, con saltos,
todo lo que se roba?

03- No es cama
ni es león
y desaparece
en cualquier rincón.

04- ¿Cuál es el animal
que siempre llega al final?

05- Mi casa llevo a cuestas,
tras de mí dejo un sendero
soy lento de movimientos y
no le gusto al jardinero.

06- Una caja pequeñita,
blanquita como la cal
todos la saben abrir,
nadie la sabe cerrar.

07- De un huevo sale
para enviar mensajes, vale.

08- Soy pequeño y blandito
mi casa llevo sobre el lomito.

09- Verde como el campo,
campo no es.
habla como el hombre,
hombre no es.

10- Canto en la orilla,
vivo en el agua,
no soy pescado,
ni soy cigarra.

11- Tiene ojos de gato y no es gato,
orejas de gato y no es gato,
patas de gato y no es gato,
rabo de gato y no es gato,
maúlla y no es gato.

12- Vengo de padres cantores
aunque yo no soy cantor
traigo hábitos blancos
y amarillo el corazón.

13- ¡ Una cajita blanca como la sal,
todo mundo la sabe abrir
y nadie la sabe cerrar..!

14- Teje con maña,
caza con saña. ¿Qué es?

15- Sale a pasear de noche,
tiene luces y no es coche.

16- La tía cuca tiene una mala racha.
¿Quién será esta muchacha?

17- No es león pero tiene garra,
no es pato pero tiene pata.

18- Murcia, me da medio nombre,
una letra has de cambiar
mas cuando llegues al lago
mi nombre podrás terminar.

19- Es la reina de los mares
su dentadura es muy buena
y por no ir nunca vacía
siempre dicen que va llena.

20- ¿Cuál es el animal que
más tarda en quitarse los zapatos?

21- Sobre un camino de hierro
muchas sorpresas tendrás.
Subo y bajo bruscamente
a mucha velocidad.

22- "En lo alto vive, en lo alto mora,
en lo alto teje la tejedora".

23- "Canta pero no en la misa,
tiene corona y no es rey,

tiene espuelas y no es jinete,
¿Puedes decirme quién es ese guey?".

24- "Puñadito de algodón
que brinca sin ton ni son".

25- "Salta y salta, y la cola le falta".

26- "De rayas es mi pijama,
pero nunca me voy a la cama".

27- "Cargadas van, cargadas vienen,
y en su camino no se detienen".

28- "Sobre la vaca, la o,
a ver si lo aciertas, o no".

29- "Garra pero no mata,
pata pero no de vaca".

30- ¿Cuántas manos le dio el mar
a este extraño pasajero
que lo quieren contratar
para que juegue de arquero?

31- "Llevo al hombro mi casa,
andando sin tener pies,
y voy dejando mi huella
con un hilito de plata".

32- "No es cama, ni es león,
y se disfraza un montón".

33- Cuál de los animales
es aquel que tiene en su nombre
todititas las vocales.

34- ¿Qué es algo y nada a la vez?

35- ¿Qué le dice un pato a otro pato?

36- Es del tamaño de una nuez,
siempre sube la cuesta
aunque no tenga pies.

37- Sin salir de su casa,
por todos los sitios pasa,
y aunque siempre le dan col,
nunca pone mala cara de humor.

38- ¿ Qué puede dar una vaca
flaca en el ordeño ?

39- Soy blanco como la leche,
pero no soy leche. ¿Qué soy?

40- ¿Qué es roto y es más útil
así que sin romperse?

41- ¿Cuál es el animal que siempre
anda con las patas en la cabeza?

42- ¿Cómo podrías levantar
a un elefante de una mano?

43- Soy muy lenta y me gusta nadar,
llevo siempre conmigo mi propio hogar.

44- Orejas largas, rabo cortito
corre y salta muy ligerito.

45- Vuelo entre las flores,
vivo en la colmena,
fabrico allí la miel y también la cera.

46- Alas de mil colores
y se pierde entre las flores.

47- Soy roja como un rubí
y luzco pintitas negras;
me encontrarás en el jardín,
en las flores o en las hierbas.

48- En el desierto nací,
entre dunas me he criado,
como mi lomo no es recto
dicen que soy jorobado.

49- En la laguna nadando estoy,
y cuando converso digo: Cua cua cua.
Si me escuchas repetir, es porque feliz soy.

50- Viste de chaleco blanco
y también de negro frac,
es un ave que no vuela,
pero es bueno en el nadar.

51- Soy verde, me gusta saltar,
jugar en el charco
y también sé croar.

52- ¿Qué animal da el nombre
a las Islas Canarias?

53- Largo, largo es su cuello,
y con manchas en la piel.
Pero si te digo más
ya sabrás quien va a ser.

54- Con nombre de perro empieza
este curioso animal,
que aunque nunca compra nada
siempre con la bolsa parece ir a comprar.

55- Verde como el campo, campo no es.
Habla como el hombre, pero hombre no es.

56- Si lo escribes como es,
soy de la selva el rey,
pero lo escribes al revés,
soy tu papá Noel.

57- Soy chiquito, soy bonito,
mi casa llevo, sobre mi lomito.

58- Me llamo Leo, me apellido pardo,
seguro lo sabrás si sigo y no salgo.

59- Yo nado en los mares
y grandes piscinas llenas
por no ir nunca vacía.
¿Que soy, si siempre voy llena?

60- Zumba que van zumbando,
van y vienen sin descanso,
de flor en flor trajinando
y nuestras vidas endulzando.

61- Aunque no soy florista
trabajo con flores,
y por más que me resista
el hombre hace honores
al fruto de mis labores.

62- Soy sabia y no tuve escuela
para mí no hubo doctrina,
soy maestra de cocina
y cocino sin candela.

63- No vuela y tiene alas
no es camión y hace cran, cran, cran.

64- En picadura dañina soy,
mi cuerpo insignificante,
pero el néctar que doy
lo puedes comer al instante.

65- De celda en celda voy,
pero presa nunca estoy.

66- Vive en el desierto,
mata cualquier persona,
debajo de piedras mora
y muy bien se acomoda.

67- Chao, chao, rabito alzao'.

68- Nunca camina por tierra,
ni vuela, ni sabe nadar,
pero aun así siempre corre,
sube y baja sin parar.

69- En rincones y entre ramas
mis redes voy construyendo
para que insectos incautos
en ellas vayan cayendo.

70- ¿Quién hace en los troncos
sus oscuras casitas
y allí esconde, avara, pronto,
todo cuanto necesita?

71- Mi morada está bien quieta,
pues soy flaca, y de forma regordeta
pero aun así siempre corro, inquieta,
subo, bajo y en tela forro mi carpeta.

72- En rincones o en una rama
mis redes voy construyendo
para que mis alimentos
caigan cerca de mi cama.

73- Teje con maña, caza con saña,
y si le molesta te araña.

74- Sal al campo por las noches
si me quieres conocer,
soy señor de ojos de broche,
cara seria y de gran saber.

75- No lo parezco y soy pez
y mi forma la refleja
una pieza de ajedrez.

76- ¿ Cuál sería el animal
que tiene silla,
también rodilla,
y no se puede sentar?

77- Lo rascaba llorando
de la crin a la cola
cuando él se iba trotando
desde el camino a la loma.

78- Desde hace miles de años
hemos trasladado al hombre;
pero ahora nos lleva escondido
en el motor de su coche.
¡Dinos el nombre!

79- Donde nadie sube, trepo,
lo que nadie come, trisco,
muy poco estoy en los valles
pues lo mío son los riscos.

80- Tengo tinta, tengo pluma,
y brazos tengo, además,
pero no puedo escribir
porque no aprendí jamás.

81- Soy el rey de la selva,
fuerte y majestuoso.
¿Quién soy, tan dichoso
y que guardan en reserva.?

82- En el mar y nadar es mi arte,
tengo aletas y cola que parte.

83- En la noche ululo con gran destreza,
soy carnívoro y tengo mucha belleza.

84- Tengo una joroba en la espalda,
en el desierto camino sin descanso
y el agua no me hace tanta falta
como a otros les hace tanto.

85- En la granja me encontrarás,
doy leche y, a veces muerdo,
si llegas a molestar.

86- Con plumas coloridas,
y color vistoso vuelo,
mi canto es melodioso en lo alto del cielo.

87- En la madriguera vivo, soy pequeño y peludo,
cazo con astucia, sea grande o menudo.

88- En la sabana camino con elegancia,
mi cuello es largo y tengo manchas.

89- En el bosque me escondo,
soy ágil y juguetón,
tengo una cola esponjosa
aunque cabe en cualquier rincón.

90- ¿Dime quien soy si en el río nado rápido,
tengo escamas y, a veces salto,
donde quiera que voy?

91- En la granja cacareo, al amanecer,
pongo huevos y tengo plumas,
aunque no me quieras creer.

92- Vivo en el océano, tengo aletas
y mi cuerpo es fusiforme,
y nada de agua me inquieta.

93- En el zoológico estoy encerrado,
soy fuerte y peludo,
y verme es de tu agrado
aunque no me ve a menudo.

94- En el aire revuelo aislado,
por que tengo alas y pico afilado.

95- En el bosque soy el rey de la noche,
vuelo en silencio.
¿Quién soy sin reproche?

96- En el corral me verás pastando,
mi lana es suave como
la andas buscando.

97- En el árbol me columpio,
tengo cola prensil,
y con gritos yo me anuncio
tal algo querer decir.

98- En el estanque croo,
tengo patas largas
y de cuello largo soy yo.

99- En el desierto me deslizo,
sin patas y con escamas,
fácimente te diviso
y voy, aún no me llamas.

00- En la granja me verás trotar,
relincho y tengo crines,
y lejos te puedo llevar
para que nunca camines.

RESPUESTAS
A LAS 100 ADIVINANZAS
SOBRE LA FAUNA

01- El carpintero.

02- La ardilla.

03- El camaleón.

04- El delfín.

05- El caracol.

06- El huevo.

07- Paloma mensajera.

08- El caracol.

09- El loro.

10- La rana.

11- La gata.

12- El huevo.

13- El huevo.

14- La araña.

15- La luciérnaga.

16- La cucaracha.

17- La garrapata.

18- El murciélago.

19- La ballena.

20- El ciempiés.

21- El búho.

22- La araña.

23- El gallo.

24- La oveja.

25- La rana.

26- La cebra.

27- Las hormiga.

28- El bacalao.

29- La garrapata.

30- El pulpo.

31- El caracol.

32- Un camaleón.

33- Un pez.

34- El murciélago.

35- Cua cua cua.

36- El caracol.

37- Un caracol.

38- ¡ Lástima !

39- El huevo.

40- El huevo.

41- El piojo.

42- De ninguna manera.

43- La tortuga.

44- El conejo.

45- La abeja.

46- La mariposa.

47- La mariquita.

48- El camello.

49- El pato.

50- El pingüino.

51- La rana.

52- El perro.

53- La jirafa.

54- El canguro.

55- El loro.

56- El león.

57- Un caracol.

58- El leopardo.

59- La ballena.

60- La abeja.

61- Las abejas.

62- La abeja.

63- El alacrán.

64- El alacrán.

65- La abeja.

66- El alacrán.

67- El alacrán.

68- La araña.

69- La araña.

70- La ardilla.

71- La araña.

72- La araña.

73- La araña.

74- El búho.

75- Un caballito de mar.

76- El caballo.

77- Los caballos.

78- El caballo.

79- La cabra.

80- Un calamar.

81- El león.

82- El pez.

83- El búho.

84- El camello.

85- La vaca.

86- Un pájaro.

87- El zorro.

88- La jirafa.

89- La ardilla.

90- El pez.

91- La gallina.

92- El pez.

93- El oso.

94- Un ave.

95- El búho.

96- La oveja.

97- El mono.

98- El cisne.

99- La serpiente.

00- El caballo.

F-(06)

- III -

100 ADIVINANZAS
SOBRE EL SER HUMANO

F-(07)

En el siguiente capítulo de la epopeya poética que es "1000 Adivinanzas, un rasgo de sabiduría popular", nos adentramos en el fascinante reino de la adivinación centrada en el ser más complejo y enigmático de la creación, como lo es el ser humano. "Sobre el Ser Humano" es un compendio de 100 adivinanzas que exploran la esencia misma de nuestra existencia, llevándonos por un viaje introspectivo y revelador a través de las palabras escritas.

Las adivinanzas, como espejos mágicos, reflejan la multiplicidad de las facetas que conforman la experiencia humana. Cada acertijo es una ventana abierta a la psique, desafiando al lector a explorar la complejidad de nuestras emociones, pensamientos y acciones. La poesía se convierte así en un vehículo para desentrañar los misterios del alma humana, tejiendo palabras en un tapiz que revela la profundidad de nuestra naturaleza.

A medida que avanzamos por las páginas, las adivinanzas nos invitan a reflexionar sobre nuestra conexión con el mundo que habitamos; Desde preguntas sobre el amor y la amistad hasta enigmas que exploran la búsqueda de significado, cada adivinanza es una invitación a explorar el vasto paisaje de la condición humana.

La poesía en estas adivinanzas se convierte en un espejo que nos enfrenta a nuestras propias reflexiones y nos guía hacia una mayor comprensión de nosotros mismos. Este capítulo "Sobre el Ser Humano" es más que una serie de acertijos; es un viaje hacia la autenticidad y la introspección. A través de las palabras cuidadosamente seleccionadas, se revela la riqueza de nuestras experiencias compartidas: los triunfos, las luchas, las alegrías y los misterios que nos definen como individuos y como colectivo.

La poesía se convierte así en un puente que conecta las experiencias humanas, trascendiendo las barreras del tiempo y la cultura. En cada adivinanza, se esconde una pieza del rompecabezas que es la condición humana. La sabiduría popular se entrelaza con la poesía, recordándonos que, a pesar de nuestras diferencias, compartimos un tejido común de emociones y aspiraciones. Las respuestas a estos enigmas no solo se encuentran en las palabras, sino también en la reflexión profunda que provocan, guiándonos hacia una comprensión más profunda de nuestra propia humanidad.

En definitiva, "Sobre el Ser Humano" es un capítulo que invita a explorar la complejidad de lo que significa ser humano. Las adivinanzas son faros que iluminan los recovecos de nuestra existencia, recordándonos que la poesía y la sabiduría popular son aliadas en la búsqueda de comprendernos a nosotros mismos y a nuestros semejantes. Este capítulo nos invita, entonces, a la impronta de sumergirnos en el espejo de las palabras y descubrir, en cada enigma resuelto, un nuevo matiz de nuestra rica y diversa humanidad. Veamos...

01- ¡ Un corral lleno de vacas blancas
y en el medio una colorá..!

02- Cinco hermanos muy unidos
que no se pueden mirar,
cuando riñen, aunque quieras,
no los puedes separar.

03- ¿Quién es el hijo de mi madre
que no es mi hermano?

04- Pueden ser cortos,
pueden ser largos.
Nunca en los niños,
sí en los muchachos.

05- Treinta caballitos blancos
por una colina roja.

06- Mi padre tiene cuatro hijos:
María, Raquel, Manuel…
¿Y el cuarto quién es?

07- ¿En qué se parece la mujer al pez?

08- ¿En qué se parece la mujer a la curva?

09- Con unos zapatos grandes
y la cara muy pintada
soy el que hace reír
a toda la chiquillada.

10- María va, María viene,
y en un punto se detiene.

11- Existe una santa mujer pendiente
que con un solo diente llama a la gente.

12- Si soy joven y así quedo.
Si soy viejo y así viejo quedo
¡ Aclárame ! ¿A qué me refiero ?

13- Dos niñas nacieron de la misma madre,
el mismo día, a la misma hora,
en el mismo mes y año, y sin embargo,
no son gemelas. ¿Cómo puede ser?

14- Una niña tiene tantos hermanos como
hermanas, pero cada hermano tiene solo
la mitad de hermanos que hermanas.

¿Cuántos hermanos y hermanas
hay en la familia?

15- Algo que te pertenece, pero todos
los demás lo usan más que tú.

16- ¿Qué puedes tener en la mano derecha,
pero nunca en la izquierda?

17- ¡En el campo o la ciudad,
con jeans y sombrero,
trabajo sin cesar
para llegar donde quiero!

18- Tú eres mi hermano, pero yo
no soy tu hermano.

19- ¿Qué camina sobre cuatro
pies por la mañana,
dos por la tarde
y tres por la noche?

20- ¡ Una planta que no da fruto !

21- Doce señoras,
con medias y sin zapatos, todas.

22- Tres cuevas en la montaña,
en dos el aire va a entrar
y la tercera el vidrio empaña,
si no la urge tapar.

23- Soy más fino que un cabello
y más fuerte que una roca.

24- Puedo ser leído pero no escrito.

25- Si me nombras, me rompes.

26- ¿Qué es lo que te da la
fuerza y posibilidad
de atravesar las
paredes de tu casa?

27- ¿Quién es el único capaz de hablar
todos los idiomas del mundo?

28- ¿Por qué los buzos siempre
se lanzan al agua de espaldas
sea esta fría o caliente?

29- Si una persona vive en España.
¿Por qué no puede ser enterrado
en Estados Unidos?

30- ¿Cuál es la única persona que
nunca ha perdido un partido de fútbol?

31- Este banco está ocupado
por un padre y por un hijo
el padre se llama Juan
y el hijo ya te lo he dicho.

32- Una señorita muy señoreada,
que siempre va en coche
y siempre va mojada
tanto de día como de noche.

33- Todo el mundo lo lleva,
todo el mundo lo tiene,
porque a todos nos dan uno
cuando al mundo viene.

34- Una casita con dos ventanitas
y un pico, si la miras te pones bizco.

35- Existo cuando me guardan
y me muero cuando me sacan.

36- Todos le llaman padre
pero no son sus hijos,
aunque los siente queridos
él ni conoce sus madres.

37- ¿Qué letra pasa de ser una consonante
a una vocal con tan solo darle la vuelta?

38- ¿Qué se necesita para escribir
la palabra durmiendo?

39- Soy una cáscara sin fruto,
un cuerpo sin alma,
un envoltorio vacío
pero a las niñas lleno de gusto.

40- Tengo ojos que no ven,
pero puedo llorar,
tengo una boca sin labios
pero puedo retumbar.

41- He nacido sin vida,
pero crezco con el tiempo.
Me ven pero no pueden tocarme
ni tengo sentimiento.

42- Durante todo el día,
camina sobre dos patas
y por la noche le basta
plancharse a la dormida.

43- Empiezo con E, termino con E,
pero solo tengo una letra **i**,

44- Soy un vaquero sin sombrero,
arquero sin arco,
y sediento de saber.

45- Soy una madera, pero no un árbol,
tengo boca pero no hablo.

46- Tengo un cuerpo, ojos y colas,
pero no soy un animal.

47- No soy un ave,
aunque floto en el aire,
soy blanco y suave.

48- A menudo soy un regalo,
pero a veces soy una maldición.

49- Tengo el poder de hacer
feliz a una persona,
pero también de hacer
llorar a una multitud que asoma.

50- Puedo ser infinitamente pequeño
o increíblemente enorme. Puedo ser visto
por algunos, pero por otros no.

51- ¿Qué es lo que cuanto más se quita,
más grande se hace?

52- Soy una cosa que,
cuanto más me dividen,
más grande me hacen.

53- Tengo un pulgar y cuatro dedos,
pero no soy una mano.

54- Soy un ser que no tiene principio ni fin.
A menudo muestro el camino,
pero nunca llego a mi destino.

55- Puedo ser alto o bajo, redondo o cuadrado,
caliente o frío. Todos pueden verme,
pero no todos me entienden.

56- Tengo un cuerpo blanco,
una cabeza negra y un corazón rojo.

57- Soy una cosa que todos tienen,
pero nadie presta atención.

58- ¿Qué es lo que es únicamente
tuyo y sólo usarán los demás?

59- Soy una cosa que todos tienen,
pero nadie puede capturar.

60- En la familia soy el varón,
con barba o sin ella,
siempre en la razón
aún no importe ella.

61- En la danza de la vida,
con gracia me muevo.
Del género femenino,
soy la más querida.

62- Aunque siempre
estoy en la mano,
no soy un objeto,
mucho menos un sujeto
al que le hace un reclamo.

63- De curvas suaves y risa
de encantadora sonrisa
soy la musa que inspira
a todo el que bien me mira.

64- Mi voz profunda resuena
con poder y en el escenario,
de mi honrosa faena
todos quieren honorario.

65- Tengo ojos pero no veo,
tengo piernas pero no camino
aunque puedo estar contigo
en barba, luces y trineo.

66- En la guerra o la paz,
con coraje avanzo,
nunca me canso
de mostrar la dignidad.

67- Soy blanco como la leche,
pero no soy un lácteo,
dulce como la miel
pero no soy de abeja.

68- Con corbata y maletín,
voy al trabajo sin fin.

69- Tengo dientes pero no muerdo,
hablo sin decir una palabra.
te hermoseo aún no me abra
ni me lleves en tu cuerpo.

70- Un mago presumía de cuánto tiempo podía
aguantar la respiración bajo el agua. Su récord era
de 6 minutos. Un niño que estaba escuchando dijo:
"Eso no es nada, ¡ Yo puedo aguantar bajo
el agua 10 minutos!". El mago le dijo al niño
que si podía hacer eso, le daría mil pesos.
El niño lo hizo y se ganó el dinero.
¿Cómo lo hizo?

71- Entre pañales y risas,
somos creadoras de vida
en calmas o las brisas
sea a la vista o escondida.

72- Aunque no tengo huesos,
siempre estoy de pie,

soy el centro de tu ser
dando vida como ve.

73- Hablo sin boca y oigo sin oídos.

74- Sin piernas camino, sin boca hablo,
sin ojos veo y estoy contigo
como tú quieres estar conmigo.

75- Soy redondo como el sol,
pero no quemo.
Aunque siempre presente estoy,
no soy eterno.

76- Con arena que no cuentan,
marco el paso del tiempo,
siempre en todo momento
cuando parado me encuentran.

77- Cuanto más tú creces,
más pequeño soy
y aunque no lo parece
donde quiera que vas yo voy.

78- Soy una ventana al mundo,
pero nadie puede entrar.
Aunque me duerma profundo
siempre en ti voy a estar.

79- En la pasarela o la pantalla,
deslumbro con mi elegancia.
con la más dulce fragancia
donde quiera que vaya.

80- Aunque tengo llaves,
no abro ninguna puerta,
y cosa que luce muerta
revivo en música y claves.

81- Siempre estoy delante de ti,
pero nunca puedes alcanzarme
si no te digna en buscarme
por el valor que hay en mi.

82- Con músculos fuertes y gran destreza,
en el gimnasio demuestro fortaleza.

83- Soy negro y blanco, pero nunca gris.
como gusta saber tanto
siempre me buscas a mi.

84- Vivo en invierno,
muero en verano,
por más que soy tierno
nunca me deja en tu mano.

85- En la cocina o la oficina,
demuestro mi habilidad,
en cualquier sitio que miras
brillo con igualdad.

86- Mi piel es arrugada,
pero mi corazón siempre late
cuando entre hielo me bate
junto a leche azucarada.

87- Puedo estar en la cabeza,
pero no soy un sombrero
aún te arme un reperpero
que ni temina ni empieza.

88- Soy pequeño como un botón,
pero puedes pulsarme,
a hacer cosas y obligarme
aunque sea un remolón.

89- Con paciencia y ternura,
cuido de la casa y tu dulzura.

90- Siempre estoy en movimiento,
pero nunca salgo del sitio
aunque algunos crean vicio
de usarme en cualquier momento.

91- Tengo una corona pero no soy rey,
siempre estoy en la cabeza
buscando que de belleza
halando tal hace un buey.

92- Tengo dos agujeros
pero no soy un túnel,
siempre estoy en la cara,
todo lo que pasa huelo.

93- Aunque no tengo piernas,
siempre estoy corriendo,
alguien me está midiendo
y por mi algo se cierra.

94- Soy redonda como la luna,
mas no brillante en la noche,
de nadie tengo reproche,
tenga muchas o ninguna.

95- Si me tiras al suelo, no me rompo
aún ruede como trompo
o por los aires vuelo.

96- Vivo como en el mar,
pero no soy un pez,
de donde quiera que esté
salgo de ahí a cocinar.

97- Tengo manos pero
no puedo aplaudir,
tampoco puedo huir
por lo que en ellas me quedo.

98- Soy ligero como una pluma,
pero no puedo volar,
mas me puedo alborotar
si hay razón alguna.

99- Hablo todas las lenguas del mundo,
pero no tengo boca
y tus saberes me toca
sin importarme lo profundo.

00- En la oficina o el campo,
con esfuerzo siempre avanzo.

F-(08)

RESPUESTAS
A LAS 100 ADIVINANZAS
RELACIONADAS CON EL SER HUMANO

01- La boca.

02- Los dedos.

03- Yo.

04- Los bigotes.

05- Los dientes.

06- Yo.

07- Que saben muy bien menear la cola.

08- Que las 2 son peligrosas.

09- El Payaso.

10- La puerta.

11- Una campana.

12- El retrato.

13- Las dos niñas son de un par de trillizas.

14- Cuatro hermanas y tres hermanos.

15- Tu nombre.

16- Tu mano izquierda.

17- Un hombre.

18- Tu hermana.

19- Un hombre. Las horas del día representan toda una vida. Gatea de bebé, ca mina de adulto y anda con bastón de anciano.

20- La planta del pie.

21- Las horas.

22- La boca y la nariz.

23- El pensamiento.

24- El pensamiento.

25- Un secreto.

26- Las puertas.

27- El eco.

28- Porque según su posición al colocar el equipo si se lanzan de frente caen al piso.

29- Porque se entiende que ahora está viva.

30- El árbitro.

31- Esteban.

32- La lengua.

33- Un apellido.

34- La nariz

35- Un secreto.

36- El sacerdote.

37- La " n "

38- Estar despierto.

39- Muñeco.

40- Nube.

41- Una idea.

42- Un hombre.

43- El estudiante.

44- Un empleado.

45- El lápiz

46- Una cuenta de correo electrónico.

47- Un copo de nieve.

48- Una idea.

49- El amor.

50- El universo.

51- Un agujero.

52- Un camino.

53- Un guante.

54- Los caminos.

55- Un emoji.

56- Una aceituna.

57- Un nombre.

58- Tu nombre.

59- El tiempo.

60- El hombre.

61- La mujer.

62- La palma de la mano.

63- Una mujer.

64- Un hombre apuesto.

65- Una muñeca.

66- Un hombre.

67- El azúcar.

68- Un hombre.

69- Un peine.

70- Llenó un vaso de agua y lo mantuvo sobre su cabeza durante 10 minutos.

71- Una mujer.

72- El corazón.

73- Un teléfono.

74- Una muñeca.

75- Un reloj.

76- Un reloj de arena.

77- La sombra.

78- Los ojos.

79- La mujer.

80- Un piano.

81- El futuro.

82- Un hombre.

83- Un periódico.

84- Un muñeco de nieve.

85- La mujer.

86- Una pasa.

87- Un pensamiento.

88- Un interruptor.

89- La mujer.

90- Un ventilador.

91- Un cepillo de secar pelo.

92- La nariz.

93- El tiempo.

94- Una moneda.

95- Un papel.

96- La sal.

79- Un reloj.

98- El algodón.

99- Un libro.

00- La mujer.

- IV -
100 ADIVINANZAS
ACERCA DE LA FLORA

F-(09)

En este cuarto acto de la sinfonía poética que es "1000 Adivinanzas, un rasgo de sabiduría popular", nos aventuramos a través de un bosque encantado de palabras y enigmas. "Sobre la Flora" se erige como un capítulo que celebra la majestuosidad y misterio de la vida vegetal en 100 adivinanzas, convocando a los lectores a sumergirse en el reino botánico a través de la magia de la poesía.

Las adivinanzas, como pétalos de flores misteriosas, despliegan ante nosotros un jardín de preguntas ingeniosas que revelan la riqueza de la flora que comparte este planeta con nosotros. Cada acertijo es una invitación a explorar los secretos de las plantas, desde las raíces enterradas en la tierra hasta las hojas que danzan con la brisa. La poesía se convierte así en un medio para capturar la esencia efímera y hermosa de la naturaleza. A medida que avanzamos por las páginas, las adivinanzas nos sumergen en la biodiversidad del reino vegetal. Desde los majestuosos árboles que se alzan como guardianes del bosque hasta las humildes flores que decoran los campos, cada descripción poética es una ventana que se abre hacia la comprensión de la flora. La sabiduría popular se entrelaza con la poesía, recordándonos que la naturaleza es un maestro silencioso que nos susurra lecciones profundas.

Este capítulo es más que un catálogo de enigmas botánicos; es un himno a la vida que florece en todas sus formas y colores. Las adivinanzas no solo nos desafían a descubrir la identidad de cada planta, sino que también nos invitan a contemplar la conexión íntima entre la flora y la existencia humana. La poesía se convierte así en un puente que une el mundo vegetal con nuestra propia naturaleza, recordándonos que somos parte de un tejido interconectado de vida.

Cada adivinanza es como una semilla que germina en la mente del lector, cultivando un amor y respeto más profundos por la flora que nos rodea. La poesía, en su magistral capacidad para capturar la belleza efímera, se convierte en un medio para preservar la sabiduría que reside en la naturaleza. Este capítulo nos invita a pasear por el bosque de palabras, donde cada verso es un sendero que nos guía hacia la comprensión y aprecio de la vida vegetal. De manera que es entendible el hecho de que, "Sobre la Flora" es un capítulo que nos invita a explorar el vasto mundo de las plantas a través de la lente poética de las adivinanzas. Cada palabra es un homenaje a la majestuosidad de la flora, y cada respuesta revela un fragmento del misterio de la vida que florece a nuestro alrededor. Este capítulo nos sumerge en la belleza y sabiduría de la naturaleza, recordándonos que, en cada pétalo y hoja, yace una historia que espera ser descubierta.

01- ¿Cuál es el vegetal con dos nombres de carnes?

02- ¡ Una vieja larga y flaca
con los huevos en el cogote..!

03- ¡ El palo tiene cuatro colores,
blanco, verde, rojo y negro !
¿Esto qué es..? a ver si me integro
y descubro sus sabores.

04- ¡ Botón sobre botón espina,
en el medio la piti guana,
a que no me adivina
de aquí a por la mañana..!

05- ¡ Llegué donde estaban,
las toqué a ver si despertaban
y los viejos me saludaron
pero los jóvenes callados se quedaron..!

06- ¡ Pata 'Paqui, pata 'palla,
y en el medio una pendejá..!

07- Capote sobre capote,
capote de frío paño,
aquel que llora por mí
me está partiendo a pedazos.

08- Verde me crie,
rubio me cortaron,
duro me molieron,
blanco me amasaron.

09- Con mi cara roja,
con mi ojo negro
y mi vestido verde
a todo el campo alegro.

10- Tiene yemas y no es huevo,
tiene copa y no es sombrero,
tiene hojas y no es libro.
¿A qué me refiero?

11- ¡ Tengo una gran sombrilla
y me buscan por sabrosa
pero atención, ten cuidado,
que puedo ser venenosa !

12- Verde por fuera, roja por dentro
bailarinas en el centro.

13- Si la dejamos se pasa,
si la vendemos se pesa,

si se hace vino se pisa,
si la dejamos se posa.

14- Zorra le dicen
aunque siempre al revés,
se lo come el japonés
plato muy rico es.

15- Blanco fue mi nacimiento,
colorada mi niñez
y ahora que voy para vieja
soy más negra que el pez.

16- ¿Quién es el que bebe por los pies?

17- Ave tengo yo por nombre,
llana es mi condición.
El que no acierte mi nombre,
es porque no presta atención.

18- Vive en pie constantemente
con los brazos hacia fuera
se desnuda en el otoño
y se viste en primavera.

19- ¡ Es un gran señorón
de verde sombrero
y marrón el pantalón
aunque no sea vaquero !

20- "Arca cerrada,
de buen parecer,
no hay carpintero
que la sepa hacer".

21- "En la casa de Chi
mataron a Ri,
vino Mo y dijo Ya".

22- "Quiero que me traigas un mundo
y dentro del mundo el mar".

23- "Soy una señora muy aseñorada,
con muchas enaguas, sin una puntada,
aunque muchas tengo para una mejor
siempre llevo encima la más sucia y peor".

24- "Una señorita muy engominada,
de sombrero verde y blusa colorada".

25- "Blanca por dentro, verde por fuera,
si quieres adivinarlo, espera".

26- "A mí me tratan de santa
y conmigo traigo el día,
soy redonda y encarnada,
y tengo la sangre bien fría".

27- ¡ Tiene ojos y no ve,
tiene corona y no es rey,
tiene escamas sin ser pez !
¿Qué cosa rara ha de ser?

28- "Oro parece, plata no es,
quien no lo adivine bien tonto es".

29- Tengo ojos pero no veo,
tengo patas pero no camino.

30- Solo me tumbo
una vez en la vida:
Cuando muero del mundo
pa'que nunca reviva.

31- Soy una flor que muchas veces
se da de regalo, pero también
en jardín, terraza que merece
hay quien me utiliza muy bien.

32- Soy una flor que se mira bien
pequeña, silvestre y chiquita
y es conocida también como linda margarita.

33- Soy una violeta que tiene el mismo
nombre que una isla del Pacífico Sur.

34- Tengo hojas grandes y frondosas,
además de una flor grande y bonita
que parece una trompeta hermosa
y entre muchos la favorita.

35- Soy una flor que tiene un color
amarillo brillante e intenso,
muy parecido al del sol
en su colorido inmenso.

36- Soy una flor muy parecida
a una pom-pom gigante,
que se encuentra escondida
en colores fascinantes.

37- Soy una planta que crezco
en áreas húmedas y acuosas,
aunque se adapta suntuosa
a otros tipos de suelo no fresco.

38- Esa es una planta que ayuda a mantener
el aire de la casa fresco, limpio tal puede ver.

39- Tengo muchas hojas verdes tupidas
y pequeñas, pero también tengo
un "tubo" central que mantengo
lleno de flores muy lindas y coloridas.

40- ¿Cuál es esa una planta trepadora,
que tiene flores carnudas, rojas
y con forma de campana?

41- Es una planta tropical, exótica elegante
que tiene flores blancas y amarillas
que parecen plátanos gigantes.

42- Es una planta famosísima
que produce hojas grandes en forma de
corazón y posee una flor bellísima.

43- ¿Cuál es una flor delicada y elegante
que cuenta con muchos pétalos
de color rosa muy suave?

44- Dime el nombre de una planta más,
duradera y resistente con
una flor que representa la paz.

45- Es una planta que tiene una flor
tan grande que puede pesar hasta 10 kilos.

46- Soy una planta que a menudo la utilizan
para tejer y crear pulseras y collares.

47- Es una planta que un famoso artista
plasmó en uno de sus cuadros más famosos.

48- ¡ Tengo hojas llamativas, rojas, bonitas
que me han convertido en una de las plantas
de la decoración favorita !

49- ¿Cuál es ese árbol que se utiliza a menudo
en la ceremonia de la Navidad?

50- A pesar de ser una planta árida, sin igual,
su flor es una de las más vistosas
de todo el reino vegetal.

51- Famoso por ser uno de los ingredientes
principales de la salsa de ensalada César,

es una planta que tiene
hojas refrescantes y crujientes.

52- ¿Cuál es una de las plantas que tiene
un símbolo nacional de un país
ya que su flor tiene los mismos colores que su bandera?

53- Es una planta trepadora muy popular
que tiene hojas en forma de corazón
y flores grandes y vibrantes que varían
en color dependiendo de la especie.

54- ¿Cuál es una planta que es cultivada
por sus hojas, las cuales son muy ricas
en antioxidantes y se usan para hacer té.

55- Tengo flores carnosas de colores
brillantes y una textura suave,
por eso soy una planta muy codiciada
como ornamento en jardines de esplendores.

56- Aunque no soy una rosa,
mi nombre te lo dirá.
En la mano de las novias, me suelen llevar.

57- En el campo me encuentro,
soy de color amarillo.
Si me cortas yo desprendo
un olor sutil, tenue y sencillo.

58- Verde por fuera, roja por dentro,
en la ensalada soy un buen elemento.

59- Soy un árbol frutal de dulce sabor,
mi fruto es pequeño y
naranja es siempre mi color.

60- En el jardín me verás bailar al viento,
soy delgada y alta, ¡Soy un buen sustento!

61- De colores brillantes y olor atrayente,
en primavera me verás florecer
disfrutando la gente.

62- En la huerta me cultivan,
de hojas verdes me alimento.
Soy base de ensaladas y
de platos suculentos.

63- En la vid me encontrarás,
de mí se obtiene el néctar dorado
por lo soy muy preciado
y con gusto disfrutarás.

64- Con espinas me protejo,
mi aroma de olor intenso.
En jardines y senderos,
de quien ofende me defiendo.

65- Tengo hojas muy puntiagudasy un tronco resistente,
soy un símbolo de la sabiduría.

66- Mis flores son lilas, en la noche
desprendo mi aroma. Soy conocida
por mi belleza y mi esencia única.

67- Su raíz es comestible,
se encuentra escondida en la tierra protegida
porque es muy apetecible.

68- En el bosque me hallarás,
con hojas en forma de abanico.

69- Mi nombre suena a música,
en primavera me encuentro.

70- En el bosque me encuentro,
de hojas grandes y frutos jugosos.

71- Tengo hojas redondas y
un corazón en mi centro.

72- En el jardín me plantan, en el verano florezco,
amarillo y aromático que encantan.

73- Mi tronco es fuerte y mi sombra
fresca, en parques me hallas y nombra.

74- En el campo me encuentras,
mis hojas son peludas y mi aroma es fuerte,
aguda en cierto lugar me siembra.

75- En la montaña me encuentro,
mi aroma es agradable.

76- De la familia de las rosáceas,
con espinas en mi tallo.

77- Mi tallo es largo, frondosa
y mis pétalos son suaves.
En el jardín es como ave,
alegre, ¡Muy hermosa!

78- En el huerto me cultivan,
de mi raíz hacen ensaladas.

79- Mi tronco es delgado,
mis hojas son verdes, finas,
me utilizan para sazonar en cocinas.

80- Es un árbol que da sombra,
su madera es apreciada
su valor y gusto asombra
por ser siempre muy buscada.

81- De tierra me alimento,
bajo el sol crezco

y, en primavera florezco
dando magia al momento.

82- Porque en la miel me necesitan
aunque en jardín soy pequeña,
de los colores soy la reina,
y las abejas me visitan.

83- Hacia lo alto enclinada
y de verde por doquier,
me verás en bosques sin querer
siempre con agujas afiladas.

84- En el huerto me hallarás,
jugosa y roja soy, en verano me cosecharás
hacia las mesas yo voy.

85- Tengo las hojas gigantes,
y en la selva habito yo,
soy vida refrescante,
mirando siempre a Dios.

86- Mi tronco es fuerte,
hojas perennes mantengo,
en la Navidad yo tengo
resplandor de la suerte.

87- En la cocina me encuentro,
soy aromática y verde
y en el agua se me vierte
para fragancia y unguento.

88- En el campo me descubres,
con los pétalos amarillos,
y el sol siempre me cubre
siendo su doble sencillo.

89- Tengo espinas y rosas,
símbolo de amor eterno,

con mi aroma tu provocas
que un verano sea invierno.

90- En el río me deslizo,
con hojas floto hacia abajo,
soy cuna de ranas y bichos
y hasta sirvo de estropajo.

91- En el jardín me plantan,
con grandes bulbos yo crezco,
lirios y tulipanes que encantan
manteniéndole el suelo fresco.

92- En el bosque me encuentras,
hojas en flamante abanico,
de hadas soy refugio rico
dándole la frescura, mientras.

93- Bajo el suelo me escondo,
de raíces me sostengo,
en primavera florezco y
como planta me repongo.

94- En el campo me hallarás,
enredadera soy,
trepo, muros, cercas y voy
donde me pueda posar.

95- Mi tronco es retorcido,
en el desierto crezco,
espinas llevo conmigo
para defender mi lecho.

96- Común soy en el jardín,
de tallos altos, flores vistosas,
embriagadora, aromosa
y de fragancia si fin.

97- Me encuentras en el otoño,
hojas de colores caen bien,
siendo el símbolo también
de que muero y retoño.

98- En el prado me balanceo,
de paraguas tengo forma,
en blanco y amarillo me veo
radiante luz que me colma.

99- En el huerto me cultivan,
de piel rugosa y dulce interior,
dulces néctares en mi priman
y muchos disfrutan con amor.

00- En el bosque me escondo,
hojas dentadas, simbolo otoñal,
aún sin hojas me veo orondo
tal aquel tiempo primaveral.

F-(10)

RESPUESTAS
A LAS 100 ADIVINANZAS
RELACIONADAS CON LA FLORA

01- El repollo.

02- El coco.

03- Una mata de café.

04- La piña.

05- Una mata de guandules.

06- Una mata de batata.

07- La cebolla.

08- El trigo.

09- La amapola.

10- El árbol.

11- El hongo.

12- La sandía.

13- La uva.

14- El arroz.

15- La mora.

16- El árbol.

17- La avellana.

18- El árbol.

19- El árbol.

20- La nuez.

21- La chirimoya.

22- El coco.

23- La cebolla.

24- La fresa.

25- La pera.

26- La sandía.

27- La piña.

28- El plátano.

29- Un plátano.

30- Un árbol.

31- La rosa.

32- La manzanilla.

33- La violeta de Tahití.

34- Lirio de San Francisco.

35- El girasol.

36- La dalia.

37- El bambú.

38- La palma de la paz.

39- La flor de bougainvillea.

40- La buganvilla.

41- La cana.

42- La flor del lirio.

43- La petunia.

44- El olivo.

45- La flor de loto.

46- La hoja de palma.

47- El girasol.

48- La bromelia.

49- El abeto

50- El cactus.

51- La lechuga romana.

52- El jacinto.

53- La madreselva.

54- El té verde.

55- La verbena.

56- Un clavel.

57- El girasol.

58- El tomate.

59- Un naranjo.

60- Un árbol de bambú.

61- La cereza.

62- La lechuga.

63- La uva.

64- Una rosa.

65- Un pino.

66- La lila.

67- La zanahoria.

68- El árbol feto.

69- Un tulipán.

70- El mango.

71- La col rizada.

72- El girasol.

73- El roble.

74- La ortiga.

75- El edelweiss.

76- La zarzamora.

77- La flor de lirio.

78- El rábano..

79- El perejil.

80- Un sauce.

81- La flor.

82- La margarita.

83- El pino.

84- La fresa.

85- La palmera.

86- El árbol abeto.

87- La hierbabuena.

88- El girasol.

89- La rosa.

90- El nenúfar.

91- La flor.

92- El helecho.

93- Una planta.

94- La enredadera.

95- El cactus.

96- La lavanda.

97- Un árbol.

98- La flor de trébol.

99- La manzana.

00- El arce.

- V -

100 ADIVINANZAS

SOBRE LUGARES Y TIEMPO

shutterstock.com · 1135530527

F-(11)

En las páginas desgastadas de "1000 Adivinanzas, un rasgo de sabiduría popular", el quinto capítulo, titulado "Sobre Lugares y Tiempo", se despliega como un mapa mágico que nos guía a través de los rincones del espacio y las eras del tiempo. Este acto poético, compuesto por 100 adivinanzas, nos invita a un viaje a través de paisajes variados y épocas lejanas, tejiendo la poesía con la riqueza de la geografía y la historia.

Las adivinanzas, como brújulas literarias, nos orientan hacia destinos desconocidos y nos sumergen en las corrientes del tiempo. Cada acertijo es una puerta que se abre hacia lugares remotos y momentos olvidados, revelando la magia de la poesía para trascender las barreras físicas y temporales. La sabiduría popular se entrelaza con la narrativa, recordándonos que cada rincón del mundo y cada época de la historia tienen sus propias y particular historias que contar. A medida que exploramos las adivinanzas de este capítulo, nos embarcamos en un viaje literario que abarca desde exóticos paisajes geográficos hasta momentos cruciales en el tapiz del tiempo.

Descripciones ingeniosas nos transportan a ciudades antiguas, desiertos interminables, selvas impenetrables y paisajes que desafían la imaginación. La poesía se convierte así en un puente que conecta lugares lejanos y épocas pasadas con la vibrante realidad del lector.

Este capítulo es un tributo a la diversidad del mundo y la riqueza de la experiencia humana a lo largo de los siglos. Las adivinanzas, en su ingenio, nos desafían a explorar la conexión entre los lugares que habitamos y los tiempos que han dado forma a nuestra existencia. Cada respuesta es una ventana que se asoma a la grandeza de la Tierra y las huellas dejadas por aquellos que la han habitado. En cada adivinanza, se esconde un fragmento de geografía y un susurro de historia. La poesía nos invita a reflexionar sobre la interconexión entre los lugares que llamamos hogar y los tiempos que han esculpido nuestra identidad colectiva. A través de las palabras cuidadosamente seleccionadas, este capítulo nos insta a explorar el mundo desde la comodidad de nuestras mentes, abriendo ventanas a mundos lejanos y a épocas que han dado forma a la narrativa de la humanidad.

En conclusión, "Sobre Lugares y Tiempos" es un capítulo que nos transporta a través de los paisajes y épocas, desentrañando los misterios de la geografía y la historia a través del lente poético de las adivinanzas. Cada verso es una invitación a explorar el vasto y diverso tapiz del mundo que habitamos, recordándonos que en cada lugar y en cada tiempo, yace una historia rica en sabiduría y experiencias compartidas. Este capítulo nos invita a perdernos en el encanto de la poesía, donde cada palabra es un portal que nos conecta con la inmensidad de la Tierra y la eternidad del tiempo.

01- Somos sesenta mellizos,
en torno de nuestra madre.
Somos sesenta hijitos
y toditos somos iguales.

02- Es puerto y no de mar, es rico, gran capital.

03- Doce caballeros
nacidos del sol.
Muere el último y primero
antes de los treinta y dos.

04- Somos doce hermanos
y yo el más chiquito.
Cada cuatro años
me crece a mí el rabito.

05- Fruta es, ciudad también.
gran reino fue
y ahora bonita ciudad es.

06- No soy bombero
pero tengo manguera
y alimento a los coches
por la carretera.

07- Te llegan muy de mañana
y se van mucho después
regresan cada semana
y cuatro veces al mes.

08- Alta y delgada
cabeza brillante
ilumina de noche
a los caminantes.

09- Fui y no soy
no soy y fui
mañana seré
y hablan siempre de mí.

10- ¿Qué cosa no ha sido
y tiene que ser
y que cuando sea
dejará de ser?

11- Doce señoritas
en un mirador
todas tienen medias
y zapatos no.

12- El cielo y la tierra se van a juntar,
la ola y la nube se van a enredar;
vayas donde vayas siempre lo verás,
por mucho que andes
nunca llegarás.

13- Cuando apenas he nacido,
mi vida se acaba al punto,
aunque no soy el primero
lo sigo por todo el mundo.

14- Es un bonito juego:
Tú te vas y yo me quedo.
Cuento, cuento, cuento
y luego voy y te encuentro.

15- Mi ser por un punto empieza
por un punto ha de acabar,
el que mi nombre acierte
sólo dirá la mitad.

16- Once jugadore del mismo color
diez van por el campo
detrás de un balón.

17- No soy estación del metro
ni soy estación del tren
pero soy una estación
donde mil flores se ven.

18- Sobre un camino de hierro
muchas sorpresas tendrás.
Subo y bajo bruscamente
a mucha velocidad.

19- Todos me pisan a mí,
pero yo no piso a nadie;
Todos preguntan por mí,
yo no pregunto por nadie.

20- Siempre estoy en el pasado,
pero nunca en el presente.

21- En el mar no me mojo,
en las brasas no me abraso,
en el aire no me caigo, ojo,
y me tienes en tus brazos.

22- Estoy en todas partes,
pero no me puedes ver.
Si me nombras, dejo de ser
como de magia arte.

23- Siempre estoy delante de ti,
pero no puedes verme a mí.

24- Tengo ciudades pero no calles,
ríos pero no agua, y montañas pero no tierra.

25- Siempre estoy en el pasado,
pero nunca en el presente.

26- ¿Qué lugar soy,
si en la montaña me levanto
y entre ríos, y valles me planto?

27- Cuanto más y más lo llenas
menos pesa y sube más,
lo podemos comprobar
de unas u otras maneras.

28- Donde libros han reposado
en varios y altos estantes,
silencio es tesoro guardado
en provecho de estudiantes.

29- Donde se reúnen las estrellas
y la luna en la noche ilumina,

soy testigo de historias divinas
de momentos y noches bellas.

30- Hay puertas giratorias y muchos trajes de lujo,
de la finanza la historia,
un centro con mucho flujo.

31- Con mesas y sillas,
aroma a café en el aire,
estudio y charlas sencillas
y los portes con donaire

32- De atracciones emocionantes,
y de risas al aire puro
con niños y grandes que seguro
viven los mejores instantes.

33- Donde las olas besan la arena,
con conchas y caracoles,
descanso en luna serena,
divisada por sus faroles.

34- Lugar de ciencia, descubrimientos,
y exposiciones fascinantes,
de aprender los estudiantes
y profesionales del momento.

35- Ríos, montañas, pureza
con flora y fauna, paz y naturaleza.

36- Puente colgante,
vistas majestuosas,
sobre chorro refrescante
de aguas caudalosas.

37- En este lugar de rascacielos
con luces bien brillantes,
de gente siempre en desvelos
por sus cosas fascinantes.

38- Con pinceles y lienzos,
donde el arte cobra vida,
la inspiración escondida
crea su mejores momentos.

39- Con escalones que suben alto
en la cima la vista es un regalo
que brinda un paisaje apreciado
por quien osa alcanzarlo.

40- Con tablas y olas,
surfeadores en acción,
se encuentra ahí la emoción
del mar con las caracolas.

41- Ruedas girando
y luces de colores,
muchos premios ganando
según risas de niños y mayores.

42- Con caminos sinuosos
y secretos por descubrir
son lugares misteriosos
que dan mucho miedo ir.

43- En este lugar de ladrillos, aulas, inventos
se cultiva el conocimiento.

44- Entre estaciones y rieles,
los trenes que viajan sin cesar
y transeuntes llegan sin parar.

45- Donde la risa es contagiosa
y las luces parpadean,
animales y payasos recrean
a familias contentas, animozas.

46- Con asientos y palomitas, pantalla y luces
viendo malos y protagonistas.

47- En este lugar de campanas y coros,
donde se eleva la espiritualidad
y que Dios siempre está.

48- Entre estantes de alimentos,
carritos que se deslizan, y bolsas se utilizan
en todos los momentos.

49- Con paredes de cristal
y vistas impresionantes,
estar es emocionante
entre alturas de capital.

50- Con arenas rocosas
y aguas no profundas,
donde peligro no abunda
si no especies hermosas.

51- En este lugar de asientos
que son siempre numerados,
donde un telón es levantado
a proyectar muchos momentos.

52- En todo un lugar abierto
con animales y granjas,
dónde respiras aire fresco
y tranquilidad que encanta.

53- Con antiguas raíces
y sombras frescas,
se siente naturaleza
y nos sentimos felices.

54- En este lugar de ríos
serpenteantes y paisajes,
verdes prados y estíos refrescando tus viajes.

55- Entre libros y estanterías,
donde conocimiento crece,

se extiende sabiduría
y la sapiencia que merece.

56- Con máquinas rugiendo
y herramientas en acción,
dónde se forja creación
de metales e instrumentos.

57- En este lugar de patios
y aulas de aprendizaje
que es un excelente viaje
donde estuvieron los sabio.

58- Sin descanso avanzo,
nunca miro atrás.
Para muchos me adelanto
donde tengo que llegar.

59- Con el reloj doy vueltas,
marcando el compás, sin volver para atrás
como apretamos las tuercas.

60- En la juventud soy rápido,
en la vejez soy más lento
sin negar el gran pánico
de no llegar ahí, que siento.

61- Al amanecer me despierto,
al anochecer me retiro,
diario marcando el ciclo
de un período muy cierto.

62- Desde el nacer a algún tiempo
los días y meses pasando
ese período te cuento
tu transcurrir registrando.

63- Soy el inicio de un tiempo
que en diciembre ya he pasado

registrando fin y comienzo,
de todo ese ciclo marcado.

64- Soy un fugaz instante ,
entre el pasado y el futuro
aunque efímero y constante
al momento, muy seguro.

65- En el reloj corro contento,
en la arena dejo huella, además nunca borro
y mantengo el movimiento.   .

66- En el reloj soy aguja,
dando vueltas sin cesar
aunque nadie me apura,
corro y corro sin parar.

67- En la primavera florezco,
en el otoño me marchito,
voy marcando y no detengo
estaciones en modo estrito.

68- En el reloj mido las horas,
los minutos y segundos,
o lo que quieras al punto.
¿Quién soy? ¡ Dime tu ahora !

69- ¡ El guardián de la oscuridad,
con estrellas de testigo
nada es como yo mismo,
esa es la pura verdad !

70- En el reloj soy constante,
marcando el paso lento,
y nunca me detengo,
siempre voy en avance.

71- En el ayer yo deambulo,
con recuerdos como sombra,

camino hacia el futuro
y hoy fácil tu me nombra.

72- Soy de lo que viene incierto,
un misterio por descubrir,
en el llamado porvenir
dándome un sentido cierto.

73- Soy fecha en el calendario,
señalando acontecimientos,
e importantes aniversarios
de inolvidables momentos.

74- En la noche sueño, en el día despierto,
marcando ciclo del sueño,
dejo el ciclo de trabajo abierto.

75- En el reloj soy aguja corta,
marcando tiempo exacto
y a mi sí que me importa
el que se me vea retrazo.

76- En el reloj soy puntero,
avanzando con rapidez,
midiendo tiempo certero
tal y en verdad este es.

77- Siempre tengo manecilla,
girando, girando sin cesar
indicando tiempo sin parar
cual la cosa más sencilla.

78- En el invierno soy frío,
en el verano tengo calor,
marcar los cambios es lo mío
haciéndolo en lluvia o sol.

79- En la mañana amanezco,
pero en la tarde declino,

del ciclo marco el camino
y en eso siempre anochezco.

80- En mi siempre hay un tic-tac,
como un sonido constante,
yendo siempre adelante,
marcando nunca hacia atrás.

81- En el calendario estaré,
con los días por transitar
y tengo medida temporal,
de treinta y uno no pasaré.

82- ¿ En qué lugar me encuentro
si soy una franja angosta que mucho trayecto acorta
entre dos océanos abiertos ?

83- En el otoño cambio hojas,
en la primavera renazco,
di mi nombre que escojas,
a ver que no cae en fiazco.

84- ¡Adivina esta adivinanza,
que en el pasado dejó marcas,
y en el futuro esperanzas!

85- ¿Qué maquinaria de tiempo,
con engranajes que avanzan
soy, hablando de movimiento
y cosas que no se cansan?

86- En el reloj alguien me marca
para anunciar un momento.
¿Quién soy, hablando de tiempo y de alerta en tu cama?

87- En tiempo soy temporario,
en mi siempre días van corriendo
marcando tiempo y horario
de acuerdo lo que estoy siendo.

88- ¿En qué país estoy
si es península ibérica,
con flamenco y tapas voy,
y lengua bastante numérica?

89- En Europa central,
con ríos y castillos.
¿Qué país soy?
¡Así de suave y sencillo!

90- Con una gran muralla
y sabores orientales.
¿En qué milenario país me hallas,
hablando de grandes lugares?

91- En el sur de África,
con una montaña majestuosa.
¿Dime en qué país estoy?
si de sabiduría tu goza.

92- Soy una ciudad eterna,
con el Coliseo y el Vaticano.
¿Dime de dónde soy?
Si te consideras sabio.

93- En América del Norte,
con cataratas impresionantes.
¿De qué país hablamos
sin que el intelecto force?

94- En el norte de Europa, con auroras boreales
y cosas muy especiales.
¿Qué país soy? ¡Se me nota!

95- Entre la selva amazónica
y en los famosos Andes,
¿Es cuál país de sudamérica
que no es un lugar tan grande?

96- En el norte de África,
con pirámides y desierto.
¡ Dime ese antiguo país,
a ver si estás en lo cierto !

97- Te la digo y no la sabes.
Te la vuelvo a repetir.
Te la digo ya tres veces.
¿Tú me la sabes decir?

98- Con koalas y canguros,
en el hemisferio sur.
Dime ¿Cuál es ese país? seguro,
sin que te equivoques tu.

99- Entre montañas y fiordos,
en la tierra de los vikingos,
¿Cuál país Europeo soy? !Distinto,
y no, no es por ser de sordos!

00- En la península arábiga,
con rascacielos y desierto,
aunque tú no lo creas.
¡ Esto es claramente cierto !

F-(12)

RESPUESTAS
A LAS 100 ADIVINANZAS
SOBRE LUGARES Y TIEMPO

01- Los minutos.

02- Puerto Rico.

03- Los Meses.

04- Febrero.

05- Damasco.

06- La gasolinera.

07- Los fines de semana.

08- El faro.

09- El día de ayer.

10- El día de mañana.

11- Las horas.

12- El horizonte.

13- Los segundos.

14- Las escondidas.

15- Las medias.

16- El fútbol.

17- La primavera.

18- La Montaña Rusa.

19- Un camino.

20- La historia.

21- La letra " A ".

22- La nada.

23- El futuro.

24- El mapa.

25- La historia.

26- Un mirador.

27- El globo.

28- La biblioteca.

29- El cielo.

30- El banco.

31- La cafetería.

32- Parque de diversiones.

33- La playa.

34- El museo.

35- El bosque.

36- El puente.

37- La ciudad.

38- Una galería de arte.

39- Una montaña.

40- La playa.

41- La feria.

42- Un laberinto.

43- La escuela.

44- Una estación de tren.

45- El circo.

46- El cine.

47- La iglesia.

48- Un supermercado.

49- El rascacielos.

50- El arrecife de coral.

51- El teatro.

52- El campo.

53- El bosque.

54- El valle.

55- La librería.

56- La fábrica.

57- Una escuela.

58- El tiempo.

59- Las manecillas del reloj.

60- El envejecimiento.

61- La luz del día.

62- El tiempo calendario.

63- El año.

64- El presente.

65- El tiempo.

66- Las manecillas de un reloj.

67- La flor.

68- El cronómetro.

69- El tiempo nocturno.

70- El tiempo.

71- El pasado.

72- El futuro.

73- El día.

74- El tiempo diurno.

75- La hora.

76- Un segundo.

77- El reloj.

78- El clima.

79- El día.

80- Un reloj.

81- El mes.

82- Panamá.

83- El árbol.

84- El tiempo.

85- Un reloj.

86- La alarma.

87- El reloj calendario.

88- España.

89- Alemania.

90- China.

91- Sudáfrica.

92- Roma, Italia.

93- Canadá.

94- Noruega.

95- Perú.

96- Egipto.

97- Tela.

98- Australia.

99- Islandia.

00- Emiratos Árabes Unidos.

- VI -

100 ADIVINANZAS
EN COSAS DE LA NATURALEZA

F-(13)

En el sexto acto de la encantadora odisea literaria titulada "1000 Adivinanzas, un rasgo de sabiduría popular", nos sumergimos en el fascinante capítulo "Sobre la Naturaleza". Con 100 adivinanzas, este caleidoscopio poético nos invita a explorar los misterios y maravillas del reino natural, donde cada palabra es una hoja que se desprende del árbol de la sabiduría.

Las adivinanzas, como susurros de la brisa entre las hojas, nos guían a través de bosques frondosos, ríos serpenteantes y montañas majestuosas. Cada acertijo es una puerta a la comprensión más profunda de la naturaleza que nos rodea, invitándonos a contemplar la vida en todas sus formas y a reconocer la intrincada red de conexiones que sustentan nuestro mundo. La poesía se convierte así en un eco de los secretos de la tierra, una canción que resuena en la sinfonía de la creación. A medida que avanzamos por las páginas, las adivinanzas nos llevan a un viaje a través de los cuatro elementos: la tierra, el agua, el aire y el fuego. Desde la danza de las estaciones hasta el susurro de los arroyos, cada descripción poética es un lienzo que captura la esencia efímera y eterna de la naturaleza. La sabiduría popular se entrelaza con la poesía, recordándonos que, en cada rincón del mundo natural, yace una lección que espera ser descubierta. Este capítulo es más que un paseo por la naturaleza; es una celebración de la vida en todas sus manifestaciones.

Las adivinanzas nos desafían a descubrir la identidad de cada criatura, cada planta y cada fenómeno natural.

La poesía, en su esplendor, nos invita a mirar más allá de la superficie y a reconocer la belleza y complejidad de la naturaleza que a menudo damos por sentada. En cada adivinanza, se esconde una conexión íntima con el mundo natural. La poesía nos insta a ver la tierra como un hogar compartido, donde cada ser vivo, desde el insecto más pequeño hasta la majestuosidad de los paisajes, desempeña un papel vital en el tejido de la existencia.

A través de las palabras, este capítulo nos invita a maravillarnos ante la maravilla de la naturaleza y a abrazar la responsabilidad de preservar su esplendor para las generaciones futuras. En conclusión, "Sobre la Naturaleza" es un capítulo que nos sumerge en el asombroso y diverso reino natural a través del prisma poético de las adivinanzas. Cada verso es un recordatorio de que somos parte de un sistema interconectado de vida, y la poesía nos guía a través de este paisaje, despertando una mayor apreciación y respeto por la magnificencia de la naturaleza. Este capítulo es un llamado a la reflexión y la acción, recordándonos que la sabiduría reside en la armonía que compartimos con la tierra que llamamos hogar.

01- ¡ Un platito de avellana
que de día se recoge
y de noche se desgrana..!

02- ¿Qué cosa pasa día entero
en el agua y no se moja..?

03- Mi papá en Francia y yo aquí,
me hizo una seña y yo la vi.

04- ¿Qué es lo que sopla sin boca
y vuela sin alas?

05- La noche tiene un ojo,
un ojo de plata fina,
y usted será muy flojo,
muy flojo si no lo adivina.

06- Pasa por el agua y no se moja,
pasa por el fuego y no se quema.

07- ¿Qué es lo que desaparece
cuando se lo nombra?

08- Qué es lo que cuanto más
grande es menos se ve.

09- Existo cuando me guardan,
muero cuando me sacan.

10-Todos me pisan a mí,
pero yo a nadie piso.
Todos preguntan por mí,
pero yo a nadie pregunto.

11- Alto como un pino,
pesa menos que un comino.

12- Desde el día que nací
corro y corro sin cesar,
corro de día, corro de noche
hasta llegar al mar.

13- Viven cerca del cielo
allá, allá muy alto
y cuando lloran
riegan los campos.

14- Me sientes cuando estoy cerca
me oyes pero no me ves
y aunque seas deportista
no me alcanzas al correr.

15- Bramido a bramido,
antes de las tormentas
todos los hemos oído.

16- No lo puedes ver tampoco vivir sin él.

17- De la tierra voy al cielo
y del cielo he de volver
soy el alma de los campos
que los hace florecer.

18- Lleva años en el mar y aún no sabe nadar.

19- Lomos y cabeza tengo
aunque vestida no estoy
muy largas faldas tengo.

20- No ves el sol, no ves la luna,
y si bajó del cielo, no ves cosa alguna.

21- Qué cosa te da siempre en la cara,
pero tú nunca la ves.

22- Girando toda su vida,
toda su vida girando
y no aprendió a ser más rápida
da una vuelta y tarda un día
da otra vuelta y tarda un año.

23- "¿Qué cosa es que corre mucho y no tiene pies?"

24- Soy redonda como una pelota,
pero no soy una pelota.

¿Qué soy?

25- Si soy transparente y todos me necesitan,
pero si me tocas, desaparezco.

26- Si me rompes si me nombras.

27- Si soy blando como la seda,

pero tengo más vidas que un gato.
Cuando menos se espera
me voy a morir y, me zafo.

28- Si hablo sin boca y oigo sin oídos.
No tengo cuerpo, pero
cobro vida con el viento.

29- ¿Qué está siempre delante de ti,
pero no se ve?

30- Primero, piensa en el color de las nubes,
después, piensa en el color de la nieve.

31- Antes que nazca la madre,
anda el hijo por la calle.

32- Se viste el cielo de luces en cascada
de colores, para alegrar en la noche
a los que están más tristones.

¿Quién soy?

33- Si me encuentras en la oscuridad,
pero desaparezco con la luz.

34- Si puedo correr, pero no tengo piernas.

35- Si puedo volar sin alas, llorar sin ojos
y correr sin piernas.

¿Qué soy?

36- Si tengo ojos pero no puedo ver.

37- Si en las entrañas de la tierra moro,
bajo el sol y las estrellas reposo.

38- En la noche sin luna me encuentro,
brillando en el cielo con fulgor.

39- Si soy redonda como una bola,
pero no soy una pelota.

40- Tengo un corazón que no late,
¿Quién soy? ¡Sin dilate!

41- Estoy en todas partes,
pero no me puedes ver.
Si me nombras, dejo de existir.
¿Qué soy? ¡ A ver !

42- Soy más poderosa que to',
malvada tal el pájaro malo,
los pobres me tienen y
los ricos me desean.
¡ Por lo que hago !

¿ Qué soy ?

43- Si me puedes ver en el agua,
pero si me sacas del agua,
desaparezco.

44- Si tengo una boca pero no puedo hablar,
una cama pero no puedo dormir.

45- Si soy un objeto que cuanto más caliente,
más frío me pongo.

46- Si soy blanco como la nieve, dulce como el azúcar,
y si me tomas, te quemas.

47- Si tengo una boca pero no puedo hablar,
una cama pero no puedo dormir.

48- ¡Si soy un puente sin río,
una ciudad sin edificios
y una montaña sin tierra!

49- ¡Si me das de comer, muero!

50- En el cielo soy brillante,
de día me ves sin descanso.
Soy fuente de luz.

51- En el agua me deslizo,
con escamas reluzco.
¿Qué ser marino soy?

52- Verde y frondoso,
hogar de aves y ardillas.
¿Qué es este lugar de
naturaleza tranquila?

53- Sin alas vuelo alto y en la noche soy reina.

54- En la primavera florezco,
con pétalos de colores.

55- En el río nado rápido,
con mi cola plana y ancha.

56- En la montaña me encuentro, con nieve en mi cima.
¿Qué majestuoso pico soy?

¿Quién soy?

57- Si vivo sin hojas en invierno,
en verano brindo sombra.

58- Si en el cielo vuelo alto, con alas que baten.

59- Si en la noche aúllo, con pelaje gris y salvaje.

60- Si en el suelo me arrastro,
con escamas en mi piel.

61- Si en el jardín revoloteo,
con colores vibrantes.

62- En la playa me encuentras,
con conchas y arena.
¿Qué extensión de tierra soy?

63- Si en el aire bailo,
con alas delicadas.

64- En el suelo me deslizo,
con caparazón a cuestas. ¿Qué criatura soy?

65- Si en el río nado veloz,
con aletas y escamas.

66- En la tierra excavo,
con garras afiladas.
¿Qué animal subterráneo soy?

67- Si en la mañana canto,
plumaje de colores brillantes.

68- En el cielo nocturno brillan,
en constelaciones me agrupo.
¿Qué puntos luminosos soy?

69- Si en la selva me camuflo,
con manchas y rayas.

70- Si en el río me sumerjo,
con aletas y cola.

71- En el campo pasto,
con lana en mi espalda.
¿Qué animal doméstico soy?

¿Quién soy?

72- Si en el jardín zumbando estoy,
recolectando néctar.

73- Si en la tierra me escondo,
con caparazón resistente.

74- Si en el cielo revoloteo,
con alas extensas si te veo.

75- Si en la primavera broto,
con vida en mis hojas tiernas,
soy símbolo que denoto
el renacimiento en mi tierra.

76- Si en el océano nado,
con aletas y cola.

77- Si en el aire giro,
con semillas al viento.

78- Si ando en la noche brillante,
en órbita celeste.

79- Si en el desierto resisto,
con espinas en mi piel.

80- Si en el cielo resplandece,
luz dorada sin igual,
da calor, vida y paz.
81- Si en verde manto sin igual,
bailo con la brisa suave,
hogar de aves que cantan.

82- Si en la noche brillante,
puntos de luz en el cielo, ocultos en mi velo.

83- Si corro sin descansar,
saltando entre rocas y prados,
la libertad que no suelo dejar
en mi ser queda plasmado.

84- Si en la tierra me deslizo,
sin patas avanzo veloz,
en la lluvia doy luz por to',
mi rastro es húmedo; Aviso.

85- Si en blanca y fría soy al tacto,
cubro montañas y valles,
en invierno hago mis galas
y conozco el impacto.

86- Si en el cielo vuelo alto,
mis alas son multicolores,
busco néctar entre flores y soy
un ser encantado.

87- Si en la tierra, profundo,
guardián de secretos mil,
en rocas y minerales sí. Soy el segundo.

88- Si en el océano profundo,
mi cuerpo es transparente,
aunque no me veas presente,
yo sí soy el mundo.

89- Si de ramas estoy formado,
mis hojas dan sombra y paz,
en otoño cambio mi faz, del bosque amado.

90- Si entre flores me escondo, pétalos de mil colores,
con fragancia que enamora. Mírame en el fondo.

91- Si volando alto en el cielo,
sin motor, sin ruido. Soy conocido,
mi plumaje es un destello.

92- Si en la pradera pasto, mi lana es suave y fina,
cuatro patas, orejas divinas.

93- Si en el campo me cultivan,
mi grano da pan y vida,
bajo el sol en tierra fecunda.

94- Si con rayos y tormentas,
mi voz retumba en el cielo. Soy un espectáculo,
mi furia no se alimenta.

95- Si en el océano profundo,
bajo la luz de la luna,
danzo en la noche oscura.

96- Si en el aire revoloteo,
de flor en flor me poso,
con zumbido melodioso,
cerca de una flor me veo.

97- Si en el desierto me encuentro,
arena fina, sol ardiente, Soy persistente,
mi forma cambia al viento.

98- Si en el cielo me desplazo,
formando figuras mágicas. No tengo lógica,
mi esencia es puro abrazo.

99- Si en el jardín me cultiva,
mis pétalos son fragancia,
mostrando con elegancia
mi belleza que destila.

00- Si como una altura me encuentras,
mi cima toca el cielo,
blanca capa en invierno,
en verano mi figura te gobierna.

RESPUESTAS
DE LAS 100 ADIVINANZAS
EN COSAS LA NATURALEZA

01- Estrellas del cielo.

02- El sol.

03- El relámpago.

04- El viento.

05- La luna.

06- La sombra.

07- El silencio.

08- La oscuridad.

09- Un secreto.

10- El camino.

11- El humo.

12- El río.

13- Las nubes.

14- El viento.

15- El trueno.

16- El aire.

17- El agua.

18- La arena.

19- La montaña.

20- La niebla.

21- El viento.

22- La tierra.

23- El viento.

24- La luna.

25- El aire.

26- El silencio.

27- El Agua.

28- El eco.

29- El futuro.

30- No es la leche, ¡ Es agua !

31- El humo.

32- Los fuegos artificiales.

33- La sombra.

34- El agua.

35- El viento.

36-Un tornado.

37-La cueva.

38- Las estrellas.

39- La luna.

40- El arte.

41- La nada.

42- La nada.

43- El reflejo.

44- El río.

45- El hielo.

46- El fuego.

47- El río.

48- Un mapa.

49 - El fuego.

50- El sol.

51- Un pez.

52- Un bosque.

53- El cuervo.

54- La flor.

55- El castor.

56- La montaña.

57- Un árbol.

58- El águila.

59- El lobo.

60- La serpiente.

61- La mariposa.

62- La playa.

63- La libélula.

64- El caracol.

65- El pez.

66- El topo.

67- El gallo.

68- Las estrellas.

69- El tigre.

70- Un delfín.

71- La oveja.

72- Una abeja.

73- La tortuga.

74- El búho.

75- El brote.

76- La ballena.

77- El viento.	**89**- El árbol.
78- La luna.	**90**- La rosa.
79- El cactus.	**91**- El ave.
80- El sol.	**92**- La oveja.
81- El bosque.	**93**- El trigo.
82- Las estrellas.	**94**- El trueno.
83- El río.	**95**- La medusa.
84- El caracol.	**96**- La abeja.
85- la nieve.	**97**- La duna.
86- La mariposa.	**98**- La nube.
87- El suelo.	**99**- La flor.
88- El agua.	**00**- La montaña.

F-(14)

- VII -

100 ADIVINANZAS
SOBRE OBJETOS Y COSAS VARIAS

F-(15)

En el corazón del libro encantado, "1000 Adivinanzas, un rasgo de sabiduría popular", emerge un capítulo lleno de maravillas cotidianas y misterios escondidos entre las páginas. "Sobre Objetos y Cosas Varias", el séptimo acto de esta epopeya poética, nos invita a explorar el fascinante universo de los objetos que nos rodean, transformando lo ordinario en extraordinario a través de 100 adivinanzas que despiertan la curiosidad y la imaginación. Las adivinanzas, como llaves mágicas, abren puertas hacia el misterio contenido en los objetos que a menudo pasan desapercibidos en nuestra vida diaria. Cada acertijo es un desafío ingenioso que nos lleva más allá de la apariencia superficial, revelando la riqueza de historias y significados que se esconden en cada cosa. La poesía, en este capítulo, se convierte en una lente de aumento que nos permite descubrir la magia en lo común.

A medida que nos sumergimos en las adivinanzas de este capítulo, nos encontramos rodeados por un desfile de objetos, desde los más simples hasta los más complejos. Desde utensilios de cocina hasta herramientas, juguetes, y tesoros olvidados en el desván, cada enigma es una invitación a explorar la historia y el propósito detrás de estos compañeros silenciosos de nuestra existencia.

La poesía se convierte así en una herramienta para desentrañar las capas de significado que se acumulan alrededor de los objetos cotidianos. Este capítulo sobre objetos y cosas varias es un homenaje a la diversidad de la vida doméstica y al legado de objetos que nos acompañan en nuestro viaje a través del tiempo. Las adivinanzas nos instan a mirar más allá de la funcionalidad de las cosas y a apreciar la conexión emocional que compartimos con los objetos que nos rodean. Estas adivinanzas, muchas de ellas estructuradas en cuartetos asonantes, nos refleja una vez más que la poesía nos invita a encontrar belleza en lo simple, a descubrir tesoros en lo cotidiano y a reconocer la huella que dejamos en el mundo a través de nuestras posesiones. En cada adivinanza, se despliega un pequeño drama que revela el papel único de cada objeto en la narrativa de nuestras vidas. La poesía nos guía a través de un museo de lo común, donde cada artefacto se convierte en una obra maestra con su propia historia que contar. A través de las palabras, cuidadosamente elegidas, este capítulo nos lleva a una exploración de los objetos como portadores de memoria, cultura y significado en el tapiz de la experiencia humana.

En conclusión, "Sobre Objetos y Cosas Varias" es un capítulo que transforma lo ordinario en extraordinario, revelando la magia que se oculta en los objetos que nos rodean. A través de la poesía, cada adivinanza nos invita a reflexionar sobre la simplicidad y complejidad de la vida cotidiana, a valorar lo que a menudo pasa desapercibido y a reconocer la riqueza de significado que se esconde en cada esquina de nuestro entorno. Este capítulo es un recordatorio de que, en la trama de nuestras vidas, cada objeto es un personaje, cada cosa es una historia, y la sabiduría se revela en la atención cuidadosa a los detalles aparentemente simples.

¿Qué es?

01- Redondo, redondo,
barril sin fondo.

02- Chiquito como un ratón,
y protege la casa como león.

03- Sube llena y baja vacía,
si no se da prisa la sopa se enfría.

04- Dos hermanas diligentes
que caminan al compás,
con el pico por delante
y los ojos por detrás.

05- Cien amigos tengo,
todos en una tabla
si yo no los toco
ellos no me hablan.

06- Tiene luna y no es planeta
tiene un marco y no es puerta.

07- Tengo agujas y no sé coser.
tengo números y no sé leer.

08- Tengo el cuerpo de madera,
mi cabeza es de metal
mi afición verdadera
es golpear y golpear.

09- Por dentro carbón,
por fuera madera.
no soy estudiante
pero voy a la escuela.

10- Soy bonito por delante
algo feo por detrás,
me transformo a cada instante
porque imito a los demás.

11- Siempre me arrinconan
sin acordarse de mí
pero pronto que me quieren
cuando tienen que subir.

12- Ciudadano muy mirado
moderno camaleón
subido en tu árbol cambias de color.

13- Una cosita, alargadita,
con la que hago
una cartita.

14- ¡Una vieja larga y flaca
desde los pies a cabeza
derritiendo la manteca
en iglesias y casas..!

15- Un tintín, un tintán,
siete culebras y un alacrán.

16- ¿Qué se compra para comer
pero que no se come?

17- ¿Qué se aprueba que no se come?

18- Chiquito como un ratón,
protege la casa como león.

19- Una vieja con un diente
que llama a toda la gente.

20- Brazos con brazos,
panza con panza.
rascando en medio
se hace la danza.

21- Tengo llaves pero no cierro puertas,
tengo ojos pero no veo,
tengo patas pero no camino.

22- Con dos rayos y un punto en común,
mi definición es algo que es común.
Soy más grande que el ángulo agudo,

¿Quién soy yo en este juego matemático?

23- Quienes lo hacen, lo hacen silbando.
quienes lo compran, lo compran llorando.
quien lo usa, no sabe que lo usa.

24- En las manos de mujeres
siempre está metido,
a veces estirado,
a veces recogido.

25- Una paloma blanca y negra
vuela sin alas
habla sin lengua.

26- Zapatos de goma,
ojos de cristal
con una manguera
lo alimentarás,
dentro del garaje
lo sueles guardar.

27- Dos buenas piernas tenemos
pero no sabemos andar,
un hombre sin nosotros
nunca a la calle saldrá.

28- Rodeo cuellos y cuellos
tanto de ellas como de ellos.

29- El pie tapo al instante
igual que si fuera un guante.

30- Tengo cadenas sin ser preso
si me empujas voy y vengo
en los jardines y parques
muchos niños entretengo.

31- Un combate que se entabla
muy lento o con rapidez,
ninguno de los dos habla
las piezas son más de diez.

32- Fui al monte, vocié y vocié,
vine a mi casa y me arrinconé; ¿Esto qué es?

33- Fui al monte corté un palito,
vine a mi casa y bailé bonito.

34- ¿Cuál es el marido de la carretera?

35- Bocarriba está vacío,
bocabajo está lleno. ¿A qué me refiero?

36- Colgada voy por delante
y al hombre hago elegante.

37- Me componen cuatro palos
impresos en cartulina. Tengo reyes y caballos
seguro que me adivinas.

38- Todos dicen que me quieren
para hacer buenas jugadas

y en cambio cuando me tienen
me tratan siempre a patadas.

39- Con dos patas encorvadas
y dos amplios ventanales
quitan sol o dan visión
según sean sus cristales.

40- Veintiocho caballeros
espaldas negras y lisas,
delante todos agujeros,
por dominar se dan prisa.

41- Muy chiquito.
Muy chiquito.
Él pone fin a lo escrito.

42- Tengo cinco habitaciones,
en cada una un inquilino,
en invierno cuando hace frío
están todos calentitos.

43- Cuando envejeces un año,
nos apagas y te aplauden.

44- Si sumas uno más uno
evidente que da dos,
y si da dos te descubro
dos veces la solución
de este juego de salón.

45- Cuanto más y más lo llenas
menos pesa y sube más.

46- Redondo y sin pies verde en el monte
negro en la plaza y dentro del fogón
coloradito en casa.

47- Santa con nombre de flor
y a pesar de este retrato
me confunden con un zapato.

48- Sobre la mesa se pone,
sobre la mesa se parte
y entre todos se reparte
pero nunca se come.

49- Blanca como la leche
negra como el carbón,
habla aunque no tiene boca
y anda aunque no tiene pies.

50- Dos hermanitos muy igualitos
que llegando ya a viejecitos
abren bien los ojitos.

51- Somos muchos hermanitos
que en la misma casa vivimos
si nos rascan la cabeza
al instante nos morimos.

52- "Te la digo y no la entiendes,
te la vuelvo a repetir".

53- "Pequeña como un ratón
y cuida la casa como un león"

54- Soy alto cuando soy joven,
pero bajo cuando soy viejo.

55- "Y lo es, y lo es
y no me adivinas,
aunque pase un mes"

56- Tengo hojas pero un árbol no soy,
tengo un cuello
pero una persona no soy.

57- Si me dejas caer,
seguro que me voy romper,
dame una sonrisa,
y te devolveré a la vista.

58- Entras en una habitación a oscuras
y solo tienes una cerilla.
Tienes delante un periódico una
vela y un haz de leña sencilla.
¿Qué enciendes primero?

59- Tengo picos
pero no puedo volar,

tengo colores ricos
en arco iris tampoco puedo estar.

60- Mides mi vida en horas
y yo te sirvo expirando.
Soy rápido, delgado cuando
estoy gordo y lento en horas
siendo mi enemigo el viento.

61- Tengo ciudades, pero no casas.
Tengo montañas, pero no árboles.
Tengo agua, pero no peces.

62- Cuando está viva cantamos,
cuando está muerta aplaudimos
y celebramos.

63- Hago un ruido fuerte
cuando me cambio. Cuando me cambio,
me hago más grande pero peso menos
y voy a mi muerte.

64- Primero me comes y luego te comen.

65- ¿Qué es más fuerte que el acero,
pero no puede soportar el sol?

66- ¿Qué es lo que nadie quiere,
pero nadie perder quiere?

67- Un hombre condujo de Madrid a Moscú
en cuatro días. Al final de su viaje, descubrió
que una de sus ruedas estaba pinchada.
¿Cómo pudo hacer el viaje?

68- Estoy lleno de agujeros,
pero soy fuerte como el acero.

69- Dos hombres están en un desierto.
Ambos llevan mochilas.

Uno de ellos está muerto.
El que está vivo tiene la mochila abierta
y el que está muerto la tiene cerrada.
¿Qué hay en la mochila del muerto?

70- Va al campo y no come, va al río y no bebe
y con sonar se mantiene.

71- Cincuenta damas, cinco galanes;
ellos piden pan, ellas piden ave.

72- Tengo un cuello pero no cabeza,
y siempre estoy en la cama.

73- Tengo un ojo pero no puedo ver.

74- Soy un instrumento que se toca
solo cuando alguien más lo toca.

75- Tengo llaves pero
no cierro puertas,
tengo ojos pero no veo,
tengo patas pero no camino.

76- Tengo pies
pero no puedo caminar,
tengo brazos pero no puedo abrazar.

77- Un objeto que cuanto más cerca esté
mucho, mucho más grande se ve.

78- Tiene dientes pero no puedo comer,
tiene una pata pero no puedo caminar.
A ver si adivinas antes de irte a peinar.

79- Tengo un corazón que late,
una cama pero no duermo
si no me muevo me enfermo
o el mar me combate.

80- Un objeto que cuando
se necesita, se tira.

81- En el jardín se cultiva,
sus pétalos son fragancia,
mostrando con elegancia
la belleza que destila.

82- Con el Rey y la Reina,
dieciséis personajes,
se enfrentan a otro grupo igual
que pierden si juega mal,
ganando otro el linaje.

83- Todos dicen que le quieren
para hacer buenas jugadas
y en cambio cuando le tienen
le tratan siempre a patadas.

84- No es león pero tiene garra,
no es pato pero tiene pata.

85- Soy un objeto que
cuanto más caliente,
más frío me pongo.

86- El Rey y la Reina
con ocho peones,
alfiles, caballos, torres,
combaten y comen.

87- Por **come**r empieza
y é**sta** volar sabe
No es un avión, ni avioneta
Ni tampoco un ave.

88- Al llegar a casa provoca
un ligero instrumento

que para anunciarte toca
diciendo que estás en el momento.

89- De la tierra voy al cielo
y del cielo he de volver
soy el alma de los campos
que los hace florecer.

90- Un pie tapa al instante
igual que si fuera un guante.

91- Tiene cadenas sin estar preso
si le empujas va y viene
siempre el parque tiene eso
y a muchos niños entretiene.

92- Veintiocho caballeros
de espaldas negras y lisas.
Delante, todo agujeros
y por dominar se dan prisa.

93- Cuando apenas he nacido,
mi vida se acaba al punto,
aunque el primero no he sido
lo sigo por todo el mundo.

94- Viene de padres cantores
pero él no canta en verdad
el color no es de sus autores
ni dura tanto en realidad.

95- Son sesenta mellizos,
en torno de una madre
que vive por sus hijitos
y que toditos son iguales.

96- Lleva años en el mar
aunque siempre en movimiento y
aún no sabe nadar.

97- Va por delante colgada
de aquel hombre bien vestido
le da elegancia y estilo
porque es nítida y planchada.

98- Cuatro palos las componen
y están impresa en cartulina
pensando en reyes, caballos y dones
de seguro que la adivina.

99- ¿Quién es que bebe por los pies
porque siempre está parado
no puede estar acostado
aunque a veces bastante viejo es?

00- Ave tengo yo por nombre
llana es mi condición.
el que no acierte mi nombre
es porque no presta atención.

F-(16)

RESPUESTAS
A LAS 100 ADIVINANZAS
SOBRE OBJETOS Y COSAS VARIAS

01- Un anillo.

02- Un candado.

03- Una cuchara.

04- Unas tijeras.

05- Un piano.

06- Un espejo.

07- Un reloj.

08- Un martillo.

09- Un lápiz.

10- Un espejo.

11- Una escalera.

12- Un semáforo.

13- El lápiz.

14- Una vela.

15- Un freno.

16- La cuchara.

17- La plancha.

18- Un candado.

19- Una campana.

20- La guitarra.

21- Un piano.

22- El triángulo.

23- Un ataúd.

24- Un abanico.

25- La carta.

26- El automóvil.

27- Unos pantalones.

28- Una bufanda.

29- El calcetín.

30- Un columpio.

31- El ajedrez.

32- El hacha.

33- La escoba.

34- El greda.

35- Una gorra.

36- La corbata.

37- La baraja.

38- La pelota.

39- Los anteojos.

40- El dominó.

41- El punto.

42- El guante.

43- Las velas.

44- Los dados.

45- El globo.

46- El carbón.

47- Las sandalias.

48- Las barajas .

49- La carta.

50- Los zapatos.

51- Los fósforos.

52- La tela.

53- La llave.

54- El lápiz.

55- El hilo.

56- Una botella.

57- Un espejo.

58- Los fósforos.

59- Un abanico.

60- Una vela.

61- Un mapa.

62- Una vela de cumpleaños.

63- Palomitas de maíz.

64- Un anzuelo.

65- El Hielo.

66- Un pleito.

67- Era la rueda de respuesta.

68- Una cadena.

69- Un paracaídas.

70- El cencerro.

71- El rosario.

72- La botella.

73- Una aguja.

74- Timbre.

75- El piano.

76-El reloj.

77- El espejo.

78- El peine.

79- Un barco.

80- El ancla.

81- Una flor.

82- El ajedrez.

83- Una pelota.

84- La garrapata.

85- Un hielo.

86- Juego de ajedrez.

87- La chichigua.

88- Un piano.

89- El agua.

90- Un calcetín.

91- El columpio.

92- El dominó.

93- Una cometa.

94- El huevo.

95- Los minutos.

96- La arena.

97- Una corbata.

98- La baraja.

99- El árbol.

00- La avellana.

F-(17)

- VIII -
100 ADIVINANZAS
PICANTES O DOBLE SENTIDO

F-(18)

En el octavo acto de "1,000 Adivinanzas, un rasgo de sabiduría popular", el misterio y la intriga alcanzan nuevas alturas con el capítulo titulado "Adivinanzas con Doble Interpretación". En este fascinante tramo literario, 100 adivinanzas se convierten en espejos mágicos que reflejan no una, sino dos imágenes, desafiando la mente y abriendo las puertas a la creatividad y la ambigüedad.

Las adivinanzas, como acertijos duales, invitan al lector a explorar las profundidades del ingenio y la dualidad en la interpretación. Cada acertijo es una danza de palabras que se desdobla en dos significados, como un juego de luces y sombras que confunde y maravilla. La poesía se convierte así en una plataforma para la mente creativa, desafiando las expectativas y expandiendo los límites de la percepción.

A medida que nos sumergimos en las adivinanzas de este capítulo, nos encontramos en un terreno literario donde la ambigüedad es la protagonista. Cada enigma es como una pequeña obra de arte abstracto, donde las palabras se convierten en pinceladas que dibujan dos imágenes distintas en la mente del lector. La poesía, en su forma dual, nos invita a bailar en el espacio entre dos interpretaciones, explorando las posibilidades infinitas de significado.

Este capítulo no solo es un desafío intelectual, sino también una celebración de la flexibilidad y la riqueza del lenguaje. Las adivinanzas con doble interpretación son un recordatorio de que las palabras son maleables, capaces de adoptar múltiples formas y significados según la perspectiva desde la cual se las observe. La poesía se convierte así en un juego de espejos, reflejando la capacidad del lenguaje para sorprender y desafiar. En cada adivinanza, se despliega una danza intrigante entre dos verdades aparentemente contradictorias. La poesía nos guía a través de este laberinto de doble sentido, desafiando la mente y fomentando una apreciación más profunda de la ambigüedad inherente a la vida.

En este capítulo, las palabras no son solo herramientas de comunicación, sino también portadoras de una dualidad poética que invita al lector a explorar la complejidad de la interpretación. Definitivamente, "Adivinanzas con Doble Interpretación" es un capítulo que desafía la mente y celebra la versatilidad del lenguaje. A través de las 100 adivinanzas ingeniosas, la poesía se convierte en un campo de juego donde las palabras bailan entre dos significados, recordándonos que la belleza y la sabiduría residen en la ambigüedad misma. Este capítulo invita al lector a adentrarse en el territorio de la dualidad literaria, donde cada adivinanza es un puente entre dos mundos de significado, expandiendo así la comprensión y aprecio por la riqueza de la lengua y la mente humana.

F-(19)

¿ Qué es lo que: ?

01- "Empieza por C
y termina por O,
está arrugado y
todos lo tenemos atrás.

02- Un valioso instrumento
que al usarlo deja líquido dentro.

03- "Lo agarro con la mano,
lo pongo en el agujero,
empujo con la panza y
empieza el muevo, muevo".

04- ¿Qué parte del cuerpo del hombre
puede aumentar hasta 7 veces su tamaño?

05- Si eres sabio como espero
qué es largo, tieso y duro
que poco a poco y a menudo
el hombre entra al agujero.

06- Es largo y duro,
lo utilizan hombres y mujeres y siempre
da batalla en apuro.

07- Si una rata tiene una ametralladora,
¿Qué puede hacer?

08- ¿Cómo se denomina a un perro con fiebre?

09- ¿Qué puede dar una vaca
que vemos está totalmente flaca?

10- ¿Qué juguete es el más egoísta?

11- ¿Qué le dice un semáforo
a otro que le está mirando
en las esquinas esperando?

12- Siempre va por la tierra sin ensuciarse.

13- Bolas grandes, colgantes, gordas
y peludas que son voluminosas
y hermosas.

14- Es fuerte, sano y peludo
y las caricias lo calma, seguro.

15- El abuelo tiene una cosa
que cuelga bien gustosa,
y que sale por delante
bien ereta y rimbombante.

16- Es suave por dentro
y peludo por fuera.
Con un poco de esfuerzo,
lo podrás meter dentro
sin mucha espera..

17- ¿Qué es peludo por fuera
y húmedo por dentro?

18- ¿Qué es largo y le cuelga
a los hombres por delante?

19- En la mano de una dama
está muy bien metido,
unas veces estirado
y otras veces encogido.

20- ¿Qué es que cuanto más se moja
es porque más se seca?

21- Hay personas que lo tienen por delante y por detrás.
Otras solo por delante o solo por detrás
y también quien no lo tiene.

22- ¿Qué tiene la vaca cuatro
y la mujer solo dos,
defienden de un toro guapo
como que uno más uno es dos?

23- ¿Cómo se dice eyaculación
precoz en chino?

24- Algo que entra seca y arrogante
y sale fofa y chorreante.

25- Algo que es duro y redondo
y se mete hasta el fondo.

26- Lo metí seco y lo saqué mojado,
dime qué es sin ponerte enojado.

27- Dos hermanas diligentes
que caminan al compás,
con el pico por delante
y los ojos por detrás.

28- Capote sobre capote,
capote de frío paño,
aquel que llora por mí
me está partiendo a pedazos.

29- Brazos con brazos,
panza con panza
rascando en medio
se hace la danza.

30- Zorra le dicen,
aunque siempre al revés,

se la come el japonés
con palitos y muy rico es.

31- Boca arriba, boca abajo,
a que no la adivina, es asegurado.

32- Entra firme, y sale mojado
por demás deprime el oliendo a pescado.

33- ¿Qué tiene pelos secos por fuera
y está bien húmedo por dentro?

34- Bolas grandes, colgantes,
gordas, peludas, grandotas
que a pesar de todo son hermosas.

35- Algo que se hace suave, contento,
y que se desliza no al azar
hacia arriba, atrás y adentro
cuando te quieres calzar.

36- Tengo llaves pero no cerradura,
el blanco y el negro caben
y pasan por mi cintura.

37- Vengo y voy, voy y vengo
dejando blanco lo que era negro y tengo.

38- Parece una serpiente muy larga
que recorre un jardín echando agua.

39- Entre tus labios lo tomas,
te hace producir saliva,
lo soplas de abajo, arriba
hasta que un chillido asoma.

40- Es ancho y largo y
los hombres lo llevan colgando.

41- Los hombres lo hacen de pie,
las mujeres lo pueden hacer sentadas,
los perros a tres patas.

42- ¿Dónde tienen las mujeres
el pelo más rizado?

43- ¡Entra al centro de las mujeres,
pero solo detrás del hombre!

44- ¿Cuál es la parte más sensible del
cuerpo de una mujer?
Tiene 6 letras y acaba en "ina".

45- Aparato que vibra y gira,
te metes en la boca
unas 3 veces al día te toca y mide unos 15 cm.

46- Entra duro y grande en la boca,
pero sale blando, pequeño cuando te toca.

47- Húmedo por dentro, con pelos por fuera.
Comienza por la C.

48- Lo levanto cuando estoy contento,
pero es más pequeño que el resto.

49- Me ves en verano y no en invierno
y estoy metido en entre las manos,
ya sea abierto o cerrado.

50- Las mujeres no la tienen,
pero los hombres sí, he visto.
Los toros tienen dos, igual que un obispo.

51- Estoy rodeado de pelos y estoy en el medio
tengo una abertura que puedes
ver que se abre y se cierra.

52- Aunque comience por la noche,
termino prácticamente en la mañana.

53- Parte del humano que tiene
la capacidad de aumentar
por 9 su tamaño.

54- Todos lo llevan por delante,
pero lo muestran con recelo.
Tiene cabeza y agujas
pero ningún pelo.

55- Este se empuja muy bien
hacia adentro y hacia afuera
haciéndote sentir tan bien
volviendo cuantas veces quiera.

56- Hay una pequeña cosa
que da gusto introducir en la boca.

57- Qué le cuelga al abuelo,
que sale por delante
y no tiene pelo.

58- Para fiestas, casa y en paseo,
fuerte y duro siempre se hace,
pero a veces se deshace
con simples besos y manoseo.

59- Muy entusiasmado
me fui al mercado
y compré una bella
llegué a la casa y lloré con ella.

60- Se apunta con la punta,
se aprieta con el de atrás
y tapa la grieta con lo que cuelga
hasta que por el hoyito se va.

61- Tiene un cuadrado de envase,
y redonda bien redonda la base
y una porción triangular
con sabor muy particular.

62- A menudo está húmeda,
tiene otro agujero por detrás.
Cuando se usa se viene a chorro,
y si la abres del todo,
se viene aún más.

63- En el campo me crie
dando voces como loca.
Atada de pie
y manos me encontré
para quitarme la ropa.

64- Se entra en el hueco,
bien caliente y animado.
Después de tiempo pasado,
sale maloliente y mojado.
Cansado hasta los huesos.

65- Suele ser blanco,
húmedo y fugaz.
No huele tan mal,
y a menudo que se frota sale más.

66-Madonna no lo tiene,
el Papa no lo usa pero lo tiene
Trump lo tiene corto, seguro
y Schwarzenegger
lo tiene largo y duro.

67- De algo tengo un par,
que camino y van colgando,
moviéndose al caminar
el par se va desplazando.

68- Primero se chupa para ponerlo tieso
y humedecerlo, y con todo y eso,
hay que empujarlo
para meterlo.

69- Varias veces al día es manía,
más de cuatro por semana, cosa sana,
una vez por mes no dejaría,
de ser rareza y cosa insana.

70- Hombres y machos lo tienen,
hembras y mujeres no,
hasta el obispo en persona tiene,
como el toro, dos.

71- ¿ Cuál es la leche preferida de los hombres ?

72- ¿ Cómo se llama la sustancia
para evitar el embarazo ?

73- ¿Qué es lo primero que le mete
un hombre a su mujer cuando se casan?

74- Algunos lo tienen peludo
otros con el tiempo se le va poniendo,
de tu pijama lo saca seguro
al pasar la noche durmiendo.

75- ¿Quién es el hombre que más introduce
su instrumento en la boca de una mujer?

76- Vive en pie constantemente
con sus cosas hacia fuera
en otoño se desnuda normalmente
y se viste en primavera.

77- ¿ Cuál es la diferencia
entre Lástima y Lastima ?

78- ¿Cuál es la diferencia
entre el amante y el esposo?

79- ¿ Qué empieza con C,
tiene un hueco,
y se le da varias personas
para que puedan gozar ?

80- ¡ Entra a la cueva
fuerte y poderoso.
Mas sale flaco
y apestoso !

81- ¡ Qué es de joven
pulpita y jugosa
y de vieja, seca y rugosa !

82- De largo como una cuarta
de grueso lo suficiente
con pelos en un extremo
y sierve para hacer gente.

83- Señoras y señoritas
casadas y solteritas
se las meten enteritas
y se la sacan arrugaditas.

84- ¿ Qué se le moja a la mujer
cuando el hombre se pone duro ?

85- ¿ Qué es aquello que llega,
te agarra, mueve y te coge
pero que tú no lo ves
al otro día siente que te deja,
y en la noche te coge otra vez ?

86- Son pequeñitas como un limón
pero enérgicas como un campeón.

87- La comadre muy asustada
cuando le ponen el dedo
en medio de la quebrada
tira un grito que se oye lejos.

88- Si de verdad eres tan listo,
adivina, adivinanza.
¿ Qué será este bichito
que me pica aquí en la panza ?

89- En el acto órdenes da,
algunas otras recibe,
otras autoriza que va
pero de pronto otras prohíbe.

90- Piensa y lo adivinarás:
¿ Qué tiene Adán tiene delante
que Eva lo tiene detrás ?

91- Una cosa quisicosa,
de ovalada construcción,
todos los hombres la tienen,
pero las mujeres no.
El Obispo como todos,
también tiene dos.

92- En medio de las piernas
lo tiene toda mujer,
no sea brusco al abrirla o tocarla,
que mucho le puede doler.

93- La tengo bien duras, repito
por acá por las espaldas
y si lo bajo más un poquito
puede llegar hasta las faldas.

94- Entra parado y sale mojado,
y oliendo a puro pescado.

95- Sea en la cama o en el suelo,
hacerlo no es nada nuevo.

96- Qué tienen las mujeres
en medio de las piernas.

97- Al entrar a la ducha se cae el jabón,
cuando te agachas el saca su aguijón
y te clava muy fácil desde su rincón.

98-No te resista, seguro te va a gustar,
ya que eres mayorcita lo sabrás apreciar,
y una vez por semana, de Dios te vas a acordar.

99- ¿ Qué tiene la mujer casada
más ancho que la soltera?

00- ¡ Tú abres la boca
que yo lo meto,
y con mucho respeto
ahí clavo la broca !

F-(20)

RESPUESTAS
A LAS 100 ADIVINANZAS
PICANTES O DE DOBLE SENTIDO

01- La jeringa.

02- Hot dog.

03- El asa de Metro.

04- La pupila.

05- El clavo.

06- El rifle.

07- Ratatatatatatata.

08- Hot Dog.

09-Lástima.

10- El Yo-Yo.

11- No me mire tanto
que me pongo rojo.

12- La sombra.

13- Los cocos.

14- Un gato.

15- Un reloj de bolsillo.

16- Un calcetín.

17- Un coco.

18- La corbata.

19- El abanico.

20- La toalla.

21- Un hermano.

22- Piernas.

23- ¡Uy, yatá!

24- Una galleta en
un vaso de leche.

25- El anillo.

26- Jarro de la tinaja.

27- Las tijeras.

28- La cebolla.

29- La guitarra.

30- El arroz.

31- Un plato.

32- El buzo.

33- Un coco.

34- Los cocos.

35- Una media o calcetín.

36- El Karate.

37- La goma de borrar.

38- Una manguera.

39- El pito o silbato.

40- La corbata.

41- Dar la mano.

42- En África.

43- Letra E.

44- La retina.

45- El cepillo de diente.

46- Un chicle.

47- Un coco.

48- El dedo pulgar.

49- Un abanico.

50- La letra " O ".

51- Un ojo.

52- La letra N.

53- La pupila.

54- Un reloj de bolsillo.

55- El masajeador.

56- Un chicle.

57- Reloj de bolsillo.

58- El hielo.

59- La cebolla.

60- Una aguja y el hilo de coser.

61- La piza.

62- Una manguera de patio.

63- Una oveja.

64- Obrero de drenaje público.

65- La espuma de cerveza.

66- Un apellido.

67- Los brazos.

68- El hilo el hilo al hoyo de la aguja.

69- Bañarse.

70- La letra " O ".

71- La de la madre, por el envase.

72- ¡ El nitrato de meterlo !

73- Un anillo.

74- Tu cabeza.

75- El dentista.

76- Un árbol.

77- El tamaño.

78- 30 minutos.

79- Un CD de música.

80- Un trabajador
de cloacas.

81- La uva.

82- El maíz.

83- La medias de nylon.

84- Los ojos de la mujer y
el corazón del hombre.

85- El sueño.

86- Las pilas o batería.

87- La escopeta.

88- El hambre.

89- El cerebro.

90- La letra " A ".

91- La letra " O "

92- La piernas.

93- La espina dorsal.

94- El buzo.

95- Dormir.

96- Las rodillas.

97- el escorpión de agua.

98- Ir a misa los domingos.

99- La cama matrimonial.

00- La anestesia dental.

Γ-(21)

- IX -

100 ADIVINANZAS
DE ARGUMENTO INGENIOSO

F-(22)

En el noveno peldaño de "1000 Adivinanzas, un rasgo de sabiduría popular", nos sumergimos en un capítulo que destila la esencia misma del ingenio y la agudeza mental. "Adivinanzas con Argumentos Ingeniosos" se revela como una joya literaria, donde 100 adivinanzas se convierten en sofisticados argumentos poéticos que despiertan la mente y desafían la lógica.

Las adivinanzas, como esgrimistas de la palabra, presentan en este capítulo argumentos ingeniosos que requieren astucia y perspicacia para ser descifrados. Cada enigma es una confrontación literaria, una batalla de ingenio donde las palabras se convierten en armas que desafían la mente del lector. La poesía, en este contexto, se convierte en un arte de la argumentación, demostrando que la sabiduría puede expresarse de manera ingeniosa y creativa.

A medida que nos adentramos en las páginas de este capítulo, nos encontramos inmersos en un torneo verbal donde cada adivinanza es un desafío intelectual que invita al lector a participar en un juego de ingenio. Las palabras se convierten en piezas de ajedrez, moviéndose con elegancia y estrategia para confundir y sorprender. La poesía, en su forma argumentativa, nos guía a través de una danza de ideas donde la resolución de cada adivinanza es una victoria para la mente.

Este capítulo no solo es un ejercicio de habilidad literaria, sino también una demostración de la capacidad de las adivinanzas para ser más que simples enigmas; son herramientas persuasivas, formas poéticas de presentar argumentos con elegancia y astucia. La poesía se convierte así en un terreno fértil para la manifestación del ingenio, recordándonos que la sabiduría puede ser expresada con agudeza y humor. En cada adivinanza, se despliega un argumento ingenioso que despierta la mente y estimula la capacidad de pensamiento crítico del lector. La poesía se convierte en un maestro que enseña la importancia de la lógica y la creatividad combinadas, demostrando que la sabiduría no solo reside en la información, sino también en la manera astuta de presentarla. Este capítulo nos invita a apreciar el arte del razonamiento poético, donde las palabras se convierten en herramientas hábiles para explorar y comprender el mundo. De manera que, como hemos podido apreciar, "Adivinanzas con Argumentos Ingeniosos" es un capítulo que eleva la adivinanza a la categoría de un arte poético y argumentativo. Las 100 adivinanzas presentadas aquí son más que simples acertijos; son desafíos de inteligencia y expresiones de agudeza mental. Este capítulo invita al lector a participar en un diálogo literario, donde cada respuesta es una victoria del ingenio sobre el enigma y donde la poesía se erige como un medio para presentar argumentos con elegancia y creatividad.

01- ¿Cómo se llama el hermano mayor de Pinocho?

02- ¿Por qué las gallinas quieren tanto a sus pollitos?

03- ¿Sabes cuáles son las dos palabras que
pueden abrirte más puertas en el mundo?

04-¿Cuál es el vino más amargo?

05- ¿Qué tienen en común un pedo y un móvil?

06- Siempre cae y nunca se rompe. ¿Qué es?

07- "Dentro carbón, fuera madera y
voy contigo a la escuela".

08- "Y lo es, y lo es y no me adivinas,
aunque pase un mes"

09- ¿Por qué se suicidó el libro de matemáticas?

10- Con su falda reluciente una vieja con un diente
se encarga de llamar a la gente. ¿Qué es?

11- ¿Quién es mayor, la luna o el sol?

12- En una caja hay cuatro gatitos,
cada uno en una esquina.
Cada uno de ellos ve a tres gatos.
¿Cuántos gatos hay en la caja?

13- Soy roja como un rubí
y llevo pintitas negras,
me ves en el jardín,
en las plantas o en la hierba.
¿Quién soy?

14- ¿Quién soy? Si de celda en celda voy,
pero nunca presa estoy.

15- ¿Cuál es la cosa que mientras más grande es,
se visualiza más lejos?

16- Un caballo blanco se metió
en el Mar Negro. ¿Cómo pudo salir?

17- Aunque tengo cuatro patas no camino. ¿Qué soy?

18- ¿Qué tienen en común una camisa y un ascensor?

19- Desaparezco en cuanto me nombras. ¿Quién soy?

20- Doce señoritas en un mirador,
todas tienen medias pero zapatos no.

21- Tiene dientes y no come, tiene cabeza
y olor pero no es ningún señor. ¿Qué es?

22- ¿Qué cosa es, que a su paso el hierro oxida,
el acero se rompe y la carne se pudre?

23- Entre pared y pared hay una flor colorada,
llueva o no llueva siempre está mojada.

24- Mi comadre, la asustada,
pega un grito en la quebrada.

25- ¿Qué cosa silba sin labios, corre sin pies,
te pega en la espalda y aún no lo ves?

26- ¿Qué es eso que anda todo el día y
nunca sale de su sitio?

27- Alto, alto como un pino,
pesa menos que un comino.

28- Todos pasan por mí,
yo nunca paso por nadie.
Todos preguntan por mí,
yo no pregunto por nadie.

29- Es tul, pero no es tela;
es pan, pero no se come. ¿Qué es?

30- ¿Qué es, qué es, que mientras
más le quitas más grande es?

31- ¿Por qué las ovejas blancas
comen más alimentos que las ovejas negras?

32- ¿Cuál es el animal que siempre
anda con las patas en la cabeza?

33- ¿Cuáles son los peces carpinteros?

34- ¿Qué entra duro pero sale blando y suave?

35- ¿Qué cosa es, que cuanto más grande se pone,
menos todavía lo ves?

36- Cien hermanitos en una sola tabla,
si nadie los toca ninguno habla.

37- ¿Qué hay entre el río y la arena?

38- Lana sube, lana baja. ¿Qué será?

39- Sobre la mesa me ponen,
me doblan, me usan,
pero no me comen. ¿Qué soy?

40- Cuando nos atan salimos y cuando nos sueltan
nos quedamos. ¿Quiénes somos?

41- Tengo ojos pero no veo,
agua pero no bebo y barba
pero no me afeito. ¿Quién soy?

42- Nazco sin tener padre,
muero y va naciendo mi madre. ¿Quién soy?

43- Me abrigo con paños blancos,
tengo blanca cabellera
y por mi causa llora hasta la mejor cocinera.

44- Bebo agua con los pies
y respiro al revés. ¿Qué soy?

45- La madre de Rosa tenía cinco hijas:
Lala, Lele, Lili, Lolo
y ¿Cómo se llamaba la última?

46- Fui por él y nunca lo traje.

47- Lo tienes tú, pero los demás lo usan.

48- Desde el momento en que nací,
corro de día, corro de noche, corro sin parar,
hasta morir en el mar. ¿Quién soy?

49- Soy pequeño como un botón,
pero tengo energía como un campeón.

50- Adivina si te digo que soy negro
y muy veloz, aunque corras
y te escondas soy tu eterno seguidor.

51- ¿Qué es blanco como una hoja
y tiene dientes pero no muerde.

52- ¿De qué se llena una caja,
que cuanto más la llenas menos pesa?

53- ¿De qué manera puede
pesar menos un cántaro lleno?

54- ¿Qué palabra usarías para describir
a una persona que no tiene
todos los dedos en una mano?

55- Tengo tres manzanas,
y me quitas dos ¿Cuántas tienes?

56- ¿Qué puedes sostener en tu mano derecha,
pero nunca en tu mano izquierda?

57- ¿Cuál es el principal motivo
por el cual la gente se divorcia?

58- ¿Cuál de las dos expresiones es correcta,
los pingüinos vuelan o un pingüino vuela?

59- ¿Qué es lo más importante para
que no caiga rayo en casa?

60- ¿En qué lugar se da primero
el día jueves que el miércoles?

61- ¿De qué color sale un caballo blanco
después de haberse mojado en el mar negro?

62- Solo hay una pregunta que nadie
podrá responder afirmativamente y diciendo la verdad.

63- ¿Cómo puede estar un hombre sin dormir ocho días?

64- ¿Dónde se coloca un policía para tocar su pito?

65- ¿Qué sube, pero nunca baja?

66- Imagina que te encuentras en
una habitación oscura... ¿Cómo sales de ahí?

67- ¿Cuántas manzanas crecen en un árbol?

68- Antes de que se descubriera que
el Monte Everest es la montaña más
alta del mundo. ¿Cuál era la de mayor altura?

69- Si se estrella un avión en medio del puente
que conecta México con Estados Unidos.
¿Dónde se entierran a los supervivientes?

70- ¿Cuántos pares de cada animal
subió Moisés a su arca?

71- ¿Qué pasaría si una fuerza irresistible
chocara con un cuerpo inamovible?

72- ¿Qué año del siglo 20 no cambia
si les da la vuelta a sus cifras?

73- ¿De qué se llena un barril para que tenga menos peso?

74- ¿Qué se ve en la mitad del infinito?

75- ¿Qué cosa se mantiene siempre en el suelo
y en las paredes pero nunca se ensucia?

76- ¿Qué cosa puede romperse
sin haber estado en nuestras manos?

77- Tengo un montón de caras,
emociones y expresiones;
vivo solo a un toque de distancia.

78- ¿Qué va hacia arriba
cuando la lluvia viene hacia abajo?

79- Puedo afeitar todo el día,
pero mi barba sigue viéndose igual ¿Qué soy?

80- ¿Cómo se llama a la policía en Macedonia?

81- ¿En qué lugar se encuentran
los ríos que no tienen agua?

82- Si tengo en una pecera 12 peces y
5 de ellos se ahogan ¿Cuántos quedan vivos?

83- Algunos meses tienen 30 días y
otros tienen 31 días, ¿Cuántos de ellos tienen 28 días?

84- ¿Cómo se les llama a los abuelos en China?

85- ¿Cuál es la especie de
camaleón que duerme en camas?

86- ¿Qué le paso al león luego
de haberse tragado a un payaso?

87- ¿Qué se necesita para encender una vela?

88- ¿Cómo se llama el ascensor en Japón?

89- ¿Qué se pone húmedo mientras se seca?

90- ¿Por qué el banquero perdió su trabajo?

91- ¿Es legal que un hombre se case
con la hermana de su viuda?

92- Te la digo y te la repito,
y te la puedo avisar,
y por más que te la diga
no la vas a adivinar.

93- ¿Qué se dirige hacia arriba y hacia abajo,
pero se encuentra siempre en el mismo lugar?

94- ¿Si un bebé nace en Argentina,
pero se muda a Alemania en dos años,
donde le crecen los dientes?

95- ¿Cómo se le llama a quién le tiene miedo a Santa Claus?

96- Tiene cuatro patas, pero no puede caminar ¿Qué es?

97- ¿Cuál es el día más largo de la semana?

98-¿Qué hace falta para que 5 personas
no se mojen en la lluvia?

99- Dos amigos soldados se van a la guerra,
uno a Afganistán y el otro a Israel.
¿Cómo se llaman los soldados?

00- ¿Por qué una jirafa bebe
más agua en marzo que en febrero?

RESPUESTAS
A LAS 100 ADIVINANZAS
SOBRE ARGUMENTO INGENIOSO

01- Pinueve.

02- Porque les costó
un huevo tenerlos.

03- Tire y empuje.

04- "Vino mi suegra".

05- Que cuando suenan en una
habitación con mucha gente,
nadie sabe de quién es.

06- Una cascada.

07- El lápiz.

08- El hilo.

09- Porque tenía muchos
problemas.

10- Una campana.

11- La luna, porque la dejan salir de noche.

12- Cuatro.

13- Una mariquita.

14- Una abeja.

15- La oscuridad.

16- Mojado.

17- Una silla.

18- Los dos tienen botones.

19- El silencio.

20- Las horas del reloj.

21- El ajo.

22- El tiempo.

23- La lengua.

24- La escopeta.

25- El viento.

26- El reloj.

27- El humo.

28- La calle.

29- Un tulipán.

30- Un agujero.

31- Porque las ovejas
negras no existen.

32 El piojo.

33- El martillo y el serrucho.

34- El chicle.

35- La oscuridad.

36- Un piano.

37- La letra " Y ".

38- La navaja.

39- La servilleta.

40- Los zapatos.

41- El coco.

42- La nieve.

43- La cebolla.

44- El árbol.

45- Rosa.

46- El camino.

47- El nombre.

48- El río.

49- Una batería o pila.

50- La sombra.

51- El ajo.

52- De agujeros.

53- De hoyos.

54- Que es una persona normal.

55- No es posible saber porque no especifica cuántas tenía antes.

56- Tu mano izquierda.

57- El matrimonio.

58- Ninguna de las dos, los pingüinos no vuelan.

59- Que no caiga tormenta.

60- En el diccionario.

61- Blanco.

62- ¿ Estás durmiendo?

63- Bien, pues puede dormir por las noches.

64- Detrás del pito.

65- La edad.

66- Deja de imaginar.

67- Todas las manzanas crecen en un árbol.

68- El mismo monte Everest.

69- En ninguna parte, ya que siguen con vida.

70- Ninguno, porque Moisés no construyó arca.

71- No pasaría nada.

72- El año 1961.

73- De agujeros.

74- La letra " I "

75- La sombra.

76- Una promesa.

77- Un Emoji.

78- La sombrilla.

79- Un barbero.

80- Por teléfono.

81- En los mapas.

82- 12, porque los peces no se ahogan.

83- Todos los meses del año tienen 28 días.

84- Por su nombre.

85- El cama-león.

86- Le dio risa.

87- Que esté apagada.

88- Presionando el botón.

89- La toalla.

90- Porque perdió interés.

91- No, pero como está muerto es imposible.

92- La tela.

93- Las escaleras.

94- En la boca.

95- Claustrofóbico.

96- La mesa.

97- Miércoles.

98- Que no llueva.

99- Por teléfono.

00- Porque el mes de marzo tiene más días.

- X -
100 ADIVINANZAS
SOBRE LAS MATEMÁTICAS

F-(23)

En el corazón del laberinto literario que es "1000 Adivinanzas, un rasgo de sabiduría popular", emerge el décimo capítulo como un rincón especializado en desafíos numéricos y acertijos matemáticos. "Adivinanzas sobre las Matemáticas" es una sinfonía de números y formas, donde 100 adivinanzas se convierten en fórmulas poéticas que despiertan la mente lógica y exploran la elegancia matemática. Las adivinanzas, en este capítulo, se visten con el manto de la aritmética y la geometría, transformando los números en versos y las formas en enigmas. Cada acertijo es un ejercicio mental que invita al lector a sumergirse en el intrigante mundo de las matemáticas y descubrir la poesía que yace en la precisión de los números. La poesía se convierte así en una herramienta para explorar la belleza estructurada y la lógica que subyace en el reino de los números.

A medida que avanzamos por las páginas de este capítulo, las adivinanzas nos llevan en un viaje matemático donde las ecuaciones se transforman en rimas y los teoremas se entrelazan con la imaginación. Desde problemas de aritmética hasta rompecabezas geométricos, cada enigma es una invitación a abrazar la conexión poética entre las matemáticas y la sabiduría. La poesía se convierte en una herramienta para desentrañar los secretos de los números y explorar la elegancia de las estructuras matemáticas. Este capítulo es más que una serie de acertijos numéricos; es un testimonio de cómo las matemáticas pueden ser expresadas con gracia y creatividad a través de la poesía. Las adivinanzas nos desafían a mirar más allá de la frialdad de las ecuaciones y a apreciar la danza armoniosa de los números. La poesía, en este contexto, se convierte en una aliada que suaviza la rigidez de las fórmulas y nos invita a explorar el lado estético y humano de las matemáticas.

En cada adivinanza, se despliega un mundo de números que trasciende la mera lógica y se convierte en un medio para explorar la relación entre las matemáticas y la creatividad. La poesía nos guía a través de los paisajes abstractos de los números, demostrando que la precisión matemática puede coexistir con la expresión poética. Este capítulo nos invita a abrazar las matemáticas como una forma de arte, recordándonos que la sabiduría también puede expresarse a través de la elegancia estructurada de los números. En conclusión, "Adivinanzas Relacionadas con las Matemáticas" es un capítulo que despierta la mente lógica y celebra la conexión entre las matemáticas y la poesía. Cada adivinanza es un puzle matemático, una danza numérica que desafía y deleita. Este capítulo es un recordatorio de que la sabiduría se manifiesta en diversas formas, incluso en la estructura precisa y la elegancia de las matemáticas, y que la poesía es el puente que une estos mundos aparentemente dispares.

01- ¿ Posición en la que se coloca un corredor
que adelanta al segundo clasificado ?

02- Veces que se puede restar 1 a la cifra 1.111.

03- Tengo 40 cerdos, 20 caballos y 10 conejos.
Si llamo caballos a los cerdos.
¿Cuántos caballos tengo?

04- Día del año en el que menos
hablan los charlatanes.

05- Conduces un autobús en
el que hay 18 personas montadas.
En la primera parada bajan 5 y suben 13.
En la segunda, bajan 21 personas y suben 4.

¿Cuál es el color de los ojos del conductor?

06- ¿Cómo sobrevive alguien que
se cae de un edificio con 50 pisos?

07- Siempre está entre el cielo y la tierra,
se aleja cuando te acercas y siempre calcula
y mantiene la distancia contigo
y entre el cielo y la tierra. ¿Qué es?

08- ¿Qué son los que aunque corren más
que los minutos,
nunca logran llegar los primeros?

09- Cuatro nueves son capaces de
dar 100 como resultado.
¿Cómo hacerlo?

10- ¿ Cuándo es correcta la siguiente
operación 11+3= 2 ?

11- Añade uno a 20 para que te dé 19.

12- ¿ Cuál es una figura geométrica que
no tiene 4 ni 5 lados, sino la mitad de 6 ?

13- En un campo de números,
soy el primero sin error,
me llaman así por ser ... ¿Qué número?

14- Si dispones de 5 conejos, 40 cerdos
y 20 caballos en una granja.
Si deseas llamar caballos a los cerdos.
¿Cuál es el número total
de caballos que tienes?

15- En un coche viajan dos personas.
La de menor edad es hija de la otra persona,
pero la de mayor edad no es padre de la menor.

¿Quién es la persona de mayor edad?

16- Entre 3 personas se encuentran dos padres
y dos hijos. ¿Cómo es esto posible?

17- ¿Qué es lo que tiene más peso,
un kilo de paja o de hierro?

18- En una habitación se encuentran 4 gatos.
Cada gato está en un rincón y ve a otros 3 felinos.
¿Cuántos gatos hay en la habitación?

19- Si ustedes son 12 hermanos.
Tú eres el segundo en nacer
pero eres el menor de todos. ¿Cómo es posible?

20- En una sucesión constante,
cada número es la suma de los dos anteriores. ¿Qué serie soy?

21- ¿ De qué manera puede pesar menos un cántaro lleno ?

22- A las 12 de la mañana tomas tus pastillas.
Cada hora tomas una de las 4 diarias que ingieres.
¿A qué hora te toca tomar la última pastilla?

23- ¿ Cuál es la diferencia entre media docena de
docenas de huevo y seis docenas de huevos ?

24- El reloj situado en la Puerta del Sol
tarda un segundo en dar una campanada.
¿Cuánto tardará en dar doce campanadas?

25- En el reino de los números, soy un par pero especial,
sólo por mí mismo divisible. ¿Cuál es mi número?

26- Tengo dígitos sin fin, sin repetirme jamás,
soy irracional. ¿Quién soy?

27- Si me sumas a mí mismo o me multiplica por uno,

siempre obtienes el mismo número. ¿Cuál es mi valor?

28- En un número de 3 dígitos.
El dígito que está en el medio es
4 veces mayor que el tercer y último dígito.
Además, el primero es 3 unidades
más pequeño que el segundo.
¿Qué número es?

29- ¿ Cuántos 9 hay entre el 1 y el 100 ?

30- La suma de un palo y una pelota
de golf es de 1.10 pesos.
El palo supera el precio de la pelota en un peso.
¿Cuánto cuesta la pelota y cuánto el palo?

31- Mi hijo tiene varios hermanos.
de hecho, tiene tantos hermanos como hermanas.
Todas las hermanas tienen el doble de hermanos
que de hermanas. ¿Cuántas hijas e hijos tengo?

32- Un padre tiene la edad de su hija
multiplicada por 4. En 20 años,
este padre tendrá el doble de años que su hija.
¿Qué edad tienen ahora el padre y la hija?

33- ¿Cómo suman Mil, ocho ocho?

34- Soy un número que si lo giras,
sigue siendo el mismo. ¿Cuál soy?

35- Suma uno a sí mismo y obtendrás
mi valor. ¿Cuál es el número?

36- Si me divides por 2,
soy la mitad de 10. ¿Quién soy?

37- En mi forma Romana, soy igual a 50
¿Cuál es mi valor en números arábigos?

38- Soy el triple de 3. ¿Quién soy?

39- Si me restas 7 y luego multiplicas por 5, obtendrás 40. ¿Cuál es mi valor?

40- Soy el doble de 9 menos 5. ¿Quién soy?

41- Si me sumas a mí mismo y luego divides por 2, obtendrás 11. ¿Cuál es el número?

42- Si multiplicas 6 por 7 y luego le restas 8. ¿Cuál es el resultado?

43- En el sistema binario, represento el número 2. ¿Quién soy?

44- Soy el resultado de elevar 2 a la tercera potencia. ¿Cuál es mi valor?

45- Si a mi mitad le sumas 4, obtienes 9. ¿Quién soy?

46- En el triángulo de Pascal, soy el número de la segunda fila. ¿Cuál es mi valor?

47- Al cuadrado soy 81. ¿Cuál es mi raíz cuadrada?

48- Si me divides por 4 y luego sumas 3, obtienes 5. ¿Quién soy?

49- Soy el opuesto de -7. ¿Cuál es mi valor?

50- Suma mis dígitos y obtendrás 10.
¿Quién soy?

51- Si me restas a mí mismo y luego
divides por 3, obtendrás 4.
¿Cuál es el número?

52- Soy el doble de un número y
su opuesto. ¿Quién soy?

53- En la secuencia de Fibonacci,
soy el tercer número.
¿Cuál es mi valor?

54- Soy el resultado de sumar 15 y 7.
¿Quién soy?

55- Si me divides por 3 y luego
le sumas 2, obtienes 5.
¿Cuál es mi valor?

56- Soy el número primo
más pequeño. ¿Quién soy?

57- En la serie de números primos,
soy el tercer número.
¿Cuál es mi valor?

58- Si me sumas a 10 y luego multiplicas
por 2, obtendrás 24. ¿Cuál es el número?

59- Soy la suma de dos más tres,
si me resta a siete. ¿Quien soy?

60- En la multiplicación soy el primero,
pero en la suma el último entero. ¿Cuál soy?

61- Entre los números pares, soy el primero.
¿Quién soy en este orden, sincero?

62- Soy el doble de cinco, en una ecuación.
¿Cuál es mi razón?
63- En una operación de suma,
soy el resultado final.
¿Quién soy si inicias desde el natal?

64- Soy el resultado de dividir,
cuando el divisor es uno.
¿Cuál es mi número primo?

65- En la resta soy el mayor,
pero en la suma, soy el menor.
¿Quién soy?

66- Si a cuatro le sumas el doble de seis.
¿Cuál es el resultado que se fija?

67- Entre los números impares, soy el primero.
¿Quién soy en este orden sincero?

68- Multiplica por mí, y el número no cambiará.
¿ Cuál es mi identidad en esta ecuación ?

69- Si a un número le resto su opuesto.
¿Cuál es el resultado que propone el contexto?

70- Suma tres tercios y obtendrás.
¿ Cuál es el resultado que se mostrará ?

71- En el álgebra me encuentras,
representando lo desconocido. ¿ Qué letra soy ?

72- En una operación de multiplicación,
soy el elemento clave.
¿ Quién soy en esta ecuación breve ?

73- Si de un número le resto sí mismo.
¿ Cuál es el valor que queda sin desvelar ?

74- El resultado de elevar al cuadrado al número uno.
¿ Cuál es en este juego ?

75- Si a un número le sumas su doble.
¿ Cuál es el valor que adivinable ?

76- Soy el número primo más pequeño.
¿ Cuál es mi identidad en este lienzo ?

77- Si tomo el triple de un número y le sumo cuatro.
¿ Cuál es la expresión que debo explorar ?

78- El resultado de dividir entre cero.
¿ Cuál es en este sendero ?

79- En una operación de resta,
soy el número que se resta.
¿ Quién soy en este contexto festivo ?

80- Soy el número que representa la constante universal,.
¿ Cuál es mi papel en este festival ?

81- En la multiplicación soy el resultado final.
cuando se multiplica por uno.
¿ Quién es mi acompañante ?

82- Si a un número le sumas su cuadrado.
¿ Cuál es el valor que encuentras al avanzar ?

83- Si en una ecuación
el exponente es cero.
¿ Cuál es el resultado que
debo ver de este juego ?

84- Soy el número que no puede
expresarse como fracción.
¿ Quién soy en esta acción ?

85- Si en una operación sumas cinco
y luego divides entre tres.
¿ Cuál es el valor que resplandece ?

86- Soy el número primo más grande.
¿ Quién soy en este alarde ?

87- En una sucesión geométrica,
soy el factor que se multiplica.
¿ Quién soy en esta partitura ?

88- En la fracción soy el divisor.
¿ Quién es este número inferior ?

89- En cifras me encuentro, sin ser par ni impar,
si sumas o restas, siempre igual he de dar.
En la calculadora, soy un fiel servidor,
¿ Quién soy yo que en matemáticas, soy el señor ?

90- Con lados iguales y ángulos a montón,
figura geométrica, símbolo de unión.
En la escuela me estudian con gran fervor,
¿ Cuál es mi nombre ? ¡ Piensa con amor !

91- De formas diversas, soy el rey del espacio,
mi nombre en geometría es todo un abrazo.
Mis caras y vértices, cuento con destreza.
¿Quién soy yo que en poliedros tengo belleza?

92- En el plano cartesiano,
soy un par de amigos, mis coordenadas
son como los testigos. La X y la Y,
nos dan la posición.
¿ Qué soy en matemáticas ? ¡Resuelve la misión!

93- Dos más dos es igual a mi primer valor,
en ecuaciones soy el símbolo de rigor.
Si resuelves con astucia y destreza.
¿ Quién soy yo en la matemática pieza ?

94- En el rompecabezas numérico estoy,
todos me usan, chicos y también el doctor.
Sumar, restar, multiplicar es mi misión.
¿ Quién soy yo, el número de la razón ?

95- Soy la forma más simple,
el punto de partida, sin dimensiones,
pero mi importancia es debida.
En el espacio o en el plano, siempre estoy.
¿Puedes decirme, en matemáticas, quién soy?

96- Tres lados y tres ángulos,
equilibrada soy, en geometría,
mi nombre resuena con gran fervor.
Si buscas la figura con perfección.
¿Quién soy yo en esta ecuación?

97- En círculos perfectos me puedes encontrar,
soy constante, sin parar de girar.
En la fórmula de área, tengo mi lugar.
¿Quién soy yo en este cálculo singular?

98- Con dos dimensiones,
pero sin esquinas, soy suave y curva,
como las colinas.
Si me encuentras en la ecuación correcta.
¿Quién soy yo en la matemática recta?

99- En la probabilidad soy
la probabilidad misma,
mi expresión numérica es algo que se estima.
Entre cero y uno, en el rango me hallarás.
¿Quién soy yo en estas matemáticas señaladas?

00- En secuencia infinita, avanzo sin cesar,
mis términos suman, nunca dejan de aumentar.
En matemáticas, mi nombre es conocido.
¿Quién soy yo, el número bien extendido?

RESPUESTAS
A LAS 100 ADIVINANZAS
SOBRE LAS MATEMATICAS

F-(24)

01- En segunda posición.

02- Una, ya que posterior-
mente
lo restarás a las cifras
1.110, 1.109, etc.

03- Los mismos (20), ya que
llamarlos de otra forma no los
convierte en caballos.

04- El día que se adelanta
la hora para la adaptación
al horario de verano, ya que
se trata del día con menos
horas del año.

05- El color de tus ojos.

06- Cayendo desde un primer
piso, ya que el acertijo no
especifica desde qué piso
se cae la persona.

07- El horizonte.

08- Los segundos.

09- Así: $99+9/9=100$.

10- Pensando en horas, ya que
si a las 11 se le suma 3
te da las 2.

11- En números romanos,
añadiendo I a XX
dará como resultado XIX.

12- El triángulo (3 lados).

13- El número Pi .

14- Seguirás teniendo 20 caballos porque solo has cambiado el nombre a los cerdos, es decir, no se transformarán en caballos.

15- La madre de la persona con menor edad.

16- Esas personas son un abuelo, el padre y el hijo.

17- Tienen el mismo peso.

18- La solución se encuentra en el comienzo del enunciado del acertijo, es decir, son 4 gatos.

19- Eres febrero (segundo mes del año y el que menos duración tiene)

20- La sucesión de Fibonacci.

21- Estando lleno de agujeros.

22- A las 15 horas.

23- No hay. (72-72=0).

24- 11 segundos.

25- El número 2.

26- La raíz cuadrada de 2.

27- El " 0 ".

28- El cero.

29- Hay 20 .

30- 5 centavos es el precio de la pelota y 1.05 pesos es el del palo.

31- 3 hijas y 4 hijos.

32- El padre tiene 20 años y la hija 5 años.

33- Así: 888 + 88 + 8 + 8 + 8 = 1000.

34- El "0".

35- El " 2 ".

36- El " 5 ".

37- El " 10 ".

38- El " 9 ".

39- El " 9 ".

40- El " 13 ".

41- El " 7 ".

42- El " 34 ".

43- El " 10 ".

44- El " 8 ".

45- El " 5 ".

46- El " 1 ".

47- El " 9 ".

48- El " 4 ".

49- El " 7 ".

50- El " 19 ".

51- El " 7 ".

52- El " 0 ".

53- El " 2 ".

54- El " 22 ".

55- El " 3 ".

56- El " 2 ".

57- El " 5 ".

58- El " 7 ".

59- El " 2 ".

60- El " 0 ".

61- El " 2 ".

62- El " 10 ".

63- El número " 1 ".

64- El dividendo.

65- El número negativo.

66- Dieciséis.

67- El "uno".

68- El "uno".

69- El " 0 ".

70- Uno.

71- La " X ".

72- El asterisco (*)
o multiplicación.

73- Cero.

74- Uno.

75- Tres.

76- El Dos.

77- $3x + 4$.

78- Indeterminado o infinito.

79- El sustraendo.

80- Pi .

81- El número en cuestión.

82- $X + X^2$.

83- Uno.

84- Número irracional.

85- $(5 + X/3$.

86- El número primo.

87- La razón.

88- El denominador.

89- El cero.

90- El triángulo.

91- El prisma.

92- El punto.

93- El igual.

94- El cuatro.

95- El punto.

96- El triángulo equilátero.

97- El Pi.

98- La línea.

99- La probabilidad.

00- El infinito.

F-(25)

- XI -
100 ADIVINANZAS
DE CORTE INFANTIL

F-(26)

En el undécimo acto de la odisea literaria titulada "1000 Adivinanzas, un rasgo de sabiduría popular", nos encontramos con un capítulo que es un canto a la imaginación y la alegría infantil. "100 Adivinanzas de Corte Infantil" se despliega como un jardín mágico de palabras, donde la poesía se viste con la inocencia y la maravilla que caracterizan la visión del mundo de los más pequeños. Las adivinanzas, en este capítulo, se convierten en juguetes literarios que despiertan la curiosidad y el asombro de los niños. Cada enigma es una puerta a un mundo de fantasía y aprendizaje, donde las palabras se convierten en cómplices de la imaginación infantil. La poesía, en este contexto, se convierte en una herramienta para cultivar el amor por las palabras y el juego del pensamiento. A medida que exploramos las páginas de este capítulo, nos sumergimos en un universo colorido de adivinanzas que celebran la simplicidad y la magia de la niñez. Desde animales traviesos hasta objetos cotidianos convertidos en misteriosos acertijos, cada poema es una invitación a reír, aprender y explorar. La poesía se convierte en un juego de palabras que se entrelazan con la alegría infantil, recordándonos que la sabiduría también puede manifestarse en la sencillez y el asombro. Este capítulo es más que una colección de adivinanzas; es un tributo a la conexión única que los niños tienen con la inteligencia natural de interpretar un acertijo.

En este penúltimo capítulo de "1000 Adivinanzas, un rasgo de Sabiduría Popular", nos sumergimos en un rincón mágico de la imaginación, destinado a los corazones curiosos de los pequeños. "De Corte Infantil" es un oasis de ingenio y diversión, donde las palabras danzan como traviesos duendes, creando puentes entre el misterio y la risa. El aire de este capítulo es fresco y ligero, impregnado con la esencia de la niñez.

Cien adivinanzas se despliegan como pequeños tesoros, cada una envuelta en la promesa de un enigma por resolver. El lenguaje, cuidadosamente seleccionado, se convierte en un juego, guiando a los lectores jóvenes por senderos llenos de sorpresas y descubrimientos. A medida que exploramos estas adivinanzas, se revela un mundo donde lo cotidiano se transforma en lo extraordinario. Las imágenes pintadas con palabras despiertan la imaginación, invitando a los niños a tejer historias en sus mentes y a encontrar soluciones ingeniosas a cada enigma planteado.

Este capítulo no solo busca entretener, sino también nutrir el ingenio y fomentar la habilidad de observar y reflexionar. Cada adivinanza es una pequeña puerta hacia la resolución de acertijos, una puerta que se abre con risas y se cierra con la satisfacción de haber descifrado un secreto oculto. Así, "De Corte Infantil" se presenta como un rincón cálido y acogedor, donde los niños pueden perderse en el juego encantador de las palabras, explorando el mundo a través de la lente mágica de las adivinanzas. Este undécimo capítulo es un tributo a la capacidad infinita de la mente joven para abrazar lo maravilloso y abrazar la sabiduría que se oculta entre las líneas de estas encantadoras adivinanzas:

01- Habla y no tiene boca, oye y no tiene oídos,
es chiquito y hace ruidos y muchas veces se equivoca.

02- Tengo agujas y no sé coser, tengo números y no sé leer.

03- Es una planta con una flor,
que gira y gira buscando el sol.

04- Es pequeño como una pera, pero alumbra la casa entera.

05- Es larga y de lana, y cuando hace frío se la pone mi hermana.

06- Soy bonito por delante y algo feo por detrás,
me transformo a cada instante ya que imito
a los demás. ¿Quién soy?

07- Ya ves, ya ves, tan claro que es
y no me la adivinas
de aquí a un mes.

08- Te la digo y no me entiendes,
te la repito y no me comprendes.

09- Buenas y sonoras cuerdas tengo;
cuando me rasgan, a la gente entretengo.

10- Vengo de padres cantores, pero yo no soy cantor,
llevo la ropa blanca y amarillo el corazón. ¿Quién soy?

11- Cabeza de hierro, cuerpo de madera,
si te piso un dedo ¡Menudo grito pegas!

12- Cuando llueve y sale el sol,
todos los colores los tengo yo.

13- Vuela que vuela, allá va y allá viene,
hace y construye pero manos no tiene.

14- En el campo nací yo, en el campo me alimento,
y donde quiera que me lleven es para darme tormento.

15- Hablo y no pienso, hablo y no siento,
río sin razón y si intención miento.

16- Mari aprendió a volar posa en todas las flores
tiene una lengua muy larga y alas de lindos colores.

17- Duro como una roca, por el frío que tomó,
en cuanto lo puse al fuego, en agua se transformó.

18- Vence al tigre y al león, y hasta al toro embravecido
vence a señoras y Reyes, dejando a todos vencidos.

19- Estoy siempre en mi lecho, pero no por dormilón,
ni tampoco por enfermo y menos por remolón.

20- Somos doce hermanitos, yo el segundo nací,
sí soy el más pequeñito. ¿Cómo puede ser así?

21- ¿ Quieres té ? pues toma té. Ahora, ¿ Sabes tú qué fruto es?

22- ¿Cuál es el día más largo de la semana?

23- ¿Qué puedes encontrar en medio de cada mes?

24- ¿Qué es lo que tiene cara, pero no tiene cuerpo?

25- ¿Qué es aquello que, aunque se diga, no puede escucharse?

26- Si un gallo pone un huevo encima del tejado de
un campanario. ¿Hacia qué lado caerá el huevo?

27- ¿En qué lugar podemos encontrar un mar sin agua?

28- ¿Qué es lo primero que hace un elefante al salir el sol?

29- En la rama me ves, mi movimiento es preciso.

30- Blanca por dentro, verde por fuera,
si quieres que te lo diga, espera.

31- Si tú me quieres comer, me verás marrón y peludo,

no me podrás romper porque por fuera soy duro.

32- Yo rimo con "esa", color de cereza,
del suelo a la mesa te doy una sorpresa.

33- Soy blanca por dentro y roja por fuera. ¿Quién soy?

34- Mi mundo verde y mi interior rojo es,
figuras negras habitan en mi ser.

35- Me usan para decorar postres de gran galardón,
pequeña y dulce soy y siempre acompañada estoy.

36- Agrio es su sabor, bastante dura su piel,
si te lo quieres beber tendrás que apretarlo bien.

37- Juegan en la cancha más altos que bajos
entran la pelota dentro de los aros.

38- Soy redonda como el mundo,
al abrirme me desgajan, me reducen a pellejo
y todo el jugo me sacan.

39- A veces blanquitas, a veces negritas y siempre bolitas.

40- Como un árbol yo tengo mil hojas
tengo lomo y caballo no soy,
yo no tengo ni lengua ni boca
pero consejos muy útiles doy.

41- Desde el día en que nací, corro y corro sin cesar,
corro de noche y de día y así llego hasta la mar.

42- Te lo digo y no me entiendes:
no tengo boca y sí tengo dientes.

43- Cuando yo subo, tú bajas; si tú subes bajo yo:
A la misma altura no podemos estar los dos.

44- ¿Qué pesa más, una tonelada de ladrillos
o una tonelada de plumas?

45- ¿Qué objeto puede tener cara sin poseer cuerpo?

46- ¿Qué pasó cuando se creó la rueda?

47- Bajo mi carpa gigante acojo a chicos y grandes
payasos y trapecistas son típicos en mis pistas..

48- ¿Qué parentesco tiene conmigo
el hermano de mi padre?

49- ¿Qué es aquello que tiene pico y no come?

50- ¿Qué cosa tiene cuatro ruedas y moscas?

51- ¿Qué tenemos siempre delante
pero no podemos ver?

52- ¿Qué pesa más un kilo de plumas o de plomo?

53- ¿Qué cosa es redonda y violenta al mismo tiempo?

54- Un tren eléctrico viaja de Madrid a Barcelona.
¿Hacia dónde va el humo del tren?

55- ¿Qué va hacia arriba y hacia abajo pero
siempre permanece en el mismo lugar?

56- La palabra horno empieza por H
y termina por T. ¿Es así?

57- Algunos meses tienen 30 días, otros 31.
¿Cuántos tienen 28 días?

58- Tarta, pero no es la comida; Mu, pero no es el sonido
de la vaca; Do, pero no es la nota musical. ¿Qué es?

59- ¿Qué pasó en Londres ayer de 4 a 5 de la tarde?

60- 4 caballitos que danzan, pero por más que
llegan a correr, nunca se alcanzan. ¿Solución?

61- Damas que están todas juntas en un corral
y cuando llueve, todas lloran a la par.

62- Vas en un camión, detrás tienes un caballo
y delante un avión. ¿Dónde estás?

63- Tengo un arco, no soy flecha y sí de madera.

64- Doy vueltas sin descanso, pero paro
al momento y dejo de beber.

65- ¿Cuántas personas pueden ir en una ballena?

66- Círculo bien redondo al que si le pegas,
das un brinco del susto.

67- Me llamo Ana por nombre y de apellido Fe.
Quien esto no acierte, es un borriquito de pie.

68- Son dos abanicos que están todo el día sin parar,
pero cuando te duermas se paran y quietos se quedarán.

69- Tengo cadenas sin ser preso, si me empuja voy y vengo,
en los jardines y parques a muchos niños entretengo.

70- ¿Cuál es el animal que
más tarda en quitarse los zapatos?

71- Mi madre es tartamuda mi padre es cantor,
tengo el vestido blanco y amarillo el corazón.

72- Por un caminito va caminando un bicho,
y el nombre del bicho ya te lo he dicho.

73- ¿Qué es de color blanco y negro, y sale todos los días?

74- En un rincón de la clase donde yo estoy colocada,
acuden con los papeles que no te sirven de nada.

75- Cajita cerrada de buen parecer, que no
hay carpintero que la sepa hacer.

76- Es una señora larga y gruesa pero cuando la calienta chorrea.

77- Alto, alto como un pino, pero pesa menos que un comino.

78- Entra el estudioso, nunca el holgazán
va buscando libros que allí se encontrarán.

79- Qué es, qué será que mientras más
cerca esté menos se verá.

80- ¿Qué es eso que siempre viene, pero nunca llega?

81- Mi comadre es larga, y anda siempre de espalda.

82- Si lo ves es invierno, y si lo guardas pereces;
cada uno lo tomas más de mil veces.

83- Bolitas pequeñitas, de metal o de cristal,
métalas en el hoyo toditas y nunca perderás.

84- Cada año nazco gordo y cada año al morir me desformo.

85- Tengo patas y no ando, soy plana y no canto,
se me apoyan para escribir y no te puedo ni hacer reír.
(Enviada por Félix Chamorro)

86- ¿Cuántas manzanas crecen en un árbol?

87- Mi casa llevo a cuestas, tras de mi dejo un sendero,
soy lento de movimientos y no gusto al jardinero.

88- Un coche se dirigía al pueblo y por el camino se cruzó
con cuatro coches. ¿Cuántos coches iban al pueblo?

89- Adivina esta adivinanza. ¿ Cuál es el ave que no tiene panza?

90- ¿Cuál es el arco más grande del planeta?

91- Va por una escalera larga, con peldaños blancos
y negros, sube y baja a sus diez
hijos con sonoros martilleos.

92- Una señora amante salió a bailar
y quedó muy interesante.

93- De bronce el tallo, las hojas de esmeralda,
como oro su fruto hallo como las flores de plata.

94- Sobre la mesa las pones, las parte
y las reparte, más nadie se las come.

95- Tengo una casita bien techadita
muchas vigas por debajo sujetan la patita.

96- Abierta siempre yo estoy para adultos y niños
y si me cierran triste me quedo como
en los sábados y domingos.

97- Un sabio domador que usa la intrepidez
de procurar lo mejor enseñando a la niñez.

98- Donde entra el estudioso pero nunca el holgazán
y que guarda cuidadoso lo que las sabidurías nos dan.

99- Siempre colgada a la pared los días van, los días vienen
pero siempre me entretienen los que buscan aprender.

00- A mí deben acudir tanto el joven, o el maduro
para hacer un buen futuro y un brillante porvenir.

REPUESTAS
A LAS 100 ADIVINANZAS
DE CORTE INFANTIL

01- El teléfono.

02- El reloj.

03- Un girasol.

04- El foco.

05- La bufanda.

06- Un espejo.

07- Las llaves.

08- La tela.

09- La guitarra.

10- El huevo.

11- El martillo.

12- El arcoíris.

13- La imaginación.

14- La leña.

15- El loro.

16- La mariposa.

17- El hielo.

18- El sueño.

19- El río.

20- Febrero.

21- Tomate.

22- El miércoles.

23- La letra " E ".

24- Una moneda.

25- Un silencio.

26- Los gallos no ponen huevo.

27- Un mapa.

28- La sombra.

29- La serpiente.

30- La pera.

31- El coco.

32- La fresa.

33- La manzana.

34- La sandía.

35- La cereza.

36- El limón.

37- El baloncesto.

38- Una naranja.

39- Las uvas.

40- El libro.

41- El río.

42- El peine.

43- El columpio.

44- Pesan lo mismo, una tonelada.

45- La moneda.

46- Una revolución.

47- El circo.

48- Es mi tío.

49- La montaña.

50- El camión de basura.

51- La nariz.

52- Ambos pesan lo mismo, un kilo.

53- Un círculo.

54- Hacia ningún lado. ¡Los trenes eléctricos no echan humo!

55- Las escaleras.

56- Es correcto, pues horno empieza por "h" y la palabra termina por "t".

57- Todos los meses tienen 28 días

58- Un tartamudo.

59- Una hora.

60- Las ruedas.

61- Las tejas.

62- Un tío vivo.

63- El violín.

64- Un molino de agua.

65- Ninguna porque va llena.

66- El tambor.

67- Un anafe.

68- Las pestañas.

69- El columpio.

70- Un ciempiés.

71- El huevo.

72- La vaca.

73- El periódico.

74- El zafacón.

75- La nuez.

76- La vela.

77- El humo.

78- La biblioteca.

79- La oscuridad.

80- Mañana.

81- La canoa.

82- El aliento.

83- Las canicas o bolas.

84- El calendario.

85- La mesa.

86- Todas.

87- El caracol.

88- Uno, porque los demás vienen en sentido contrario.

89- El avemaría.

90- El arcoíris.

91- El piano.

92- El huso de tejer.

93- El maíz.

94- Las cartas o barajas.

95- La lámpara.

96- La escuela.

97- El maestro.

98- La biblioteca.

99- La pizarra.

00- El colegio.

- XII -
LA SABIDURÍA POPULAR
MADRE DE LAS ADIVINANZAS

F-(27)

Como ya hemos venido observando en el trasfondo de lo expuesto hasta ahora, las adivinanzas podríamos afirmar que son pequeños enigmas ingeniosos que desafían la mente y consecuentemente obligan a estimular la imaginación natural de los seres humanos. Por lo tanto, estas constituyen una fascinante manifestación de la sabiduría popular en diversas culturas alrededor del mundo. Estas breves composiciones poéticas en la mayoría de los casos no solo entretienen, sino que también encierran una grandísima riqueza de conocimientos y perspicacia cultural que se va transmitiendo paulatinamente de generación en generación. En su esencia, las adivinanzas son acertijos formulados de manera astuta, requiriendo que el oyente o lector descifre la respuesta oculta. Estas ingeniosas construcciones lingüísticas a menudo están arraigadas en la observación aguda de la naturaleza, las costumbres locales y los elementos cotidianos de la vida, convirtiéndose así las adivinanzas en un vehículo para la transmisión de conocimientos y la preservación de la tradición oral, siendo esencialmente: Rasgo de la Sabiduría Popular.

Un ejemplo bien emblemático de que la adivinanza trasciende fronteras culturales es el siguiente: "Blanca por dentro, verde por fuera. Si quieres que te lo diga, espera" la cual es conocida y empleada en el mundo entero, cuando de adivinanza se trata. Esta simple pero enigmática declaración envuelve la esencia de muchas adivinanzas: invitan al receptor a explorar su conocimiento del mundo y a descifrar la respuesta a través de la reflexión y el ingenio. La solución, en este caso, es la fruta pera originaria de regiones de Europa oriental y de Asia occidental, revelando la capacidad de las adivinanzas para transmitir información sobre la apariencia y las características de los elementos cotidianos como es una fruta de conocimiento y consumo mundial. La función de las adivinanzas como rasgo de la sabiduría popular va más allá del entretenimiento. Al requerir que los participantes piensen de manera creativa y analítica, estas pequeñas joyas de la inteligencia pueblerina fomentan el desarrollo del pensamiento crítico y la resolución de problemas. Además, sirven como instrumento para preservar y transmitir valores culturales, costumbres y conocimientos específicos de una comunidad cualquiera del globo terráqueo.

En muchas culturas, las adivinanzas han sido utilizadas como una forma lúdica de enseñanza, especialmente entre las generaciones más jóvenes. Al desafiar la mente y promover la participación activa, las adivinanzas se convierten en una herramienta educativa que trasciende las barreras generacionales. La trasmisión oral de estas ingeniosas composiciones garantiza la continuidad de la sabiduría popular, al tiempo que fortalece los lazos intergeneracionales. Además de su función educativa, las adivinanzas también desempeñan un papel importante en la construcción de la identidad cultural. A menudo, incorporan elementos folklóricos, refranes regionales y modismos que reflejan la idiosincrasia de una comunidad en particular. En este sentido, las adivinanzas son portadoras de la riqueza lingüística y cultural que caracteriza a una sociedad, contribuyendo así a la preservación y apreciación de su patrimonio.

En conclusión, las adivinanzas son una manifestación vívida de la sabiduría popular, albergando en sus enigmas la esencia de la observación, la creatividad y la transmisión intergeneracional de conocimientos. Estos pequeños acertijos no solo desafían la mente, sino que también enriquecen la comprensión de la cultura y la tradición que los engendró, consolidando así su lugar perdurable en el tejido de la sabiduría popular global.

Las adivinanzas son una forma divertida y desafiante de ejercitar nuestro ingenio y agilidad mental, sin importar el rango social, económico, académico, como si nos desenvolvemos en la urbe más desarrollada o vivimos labrando la tierra en los campos más apartados de la civilización. Pues como sostenía Michel de Montaigne en sus estudios y ensayos sobre la sabiduría popular: " Esta es la maestra de maestras". Argumentando que estos son términos con los cuales se hace referencia al **conjunto de saberes, creencias y valores que son propios y tradicionales de un pueblo.** O como ha planteado Álvaro Montenegro en sus artículos sobre la sabiduría popular: "Es la colección de dichos, recetas y remedios, que nacen de la experiencia repetida de las personas y se transmiten de generación en generación, formando parte de la memoria de los pueblos". La sabiduría trasmitida de boca en boca, de generación en generación, mantiene viva la memoria colectiva. Es tradicional: son conocimientos heredados de los antepasados desde tiempos remotos. Es útil: todos los saberes populares cumplen una función, ya sea material o espiritual. Es dinámica: conserva lo esencial, pero conforme cambia el tiempo, se va reinventando. Es colectiva: la sabiduría popular no es de nadie y es de todos al mismo tiempo. Es practicada por un segmento grande de la población.

El mismo Álvaro Montenegro, en conceptualia.es/cultura-y-sociedad/cultura/sabiduria-popular/enfáticamente sigue planteando que la sabiduría popular: "Es un tipo de saber que se basa en la experiencia y en la observación de la vida cotidiana, que ha sido acumulado a lo largo del tiempo por la comunidad y que se ha transmitido oralmente de padres a hijos, de abuelos a nietos, de maestros a alumnos y de vecinos a vecinos.

Estos consejos son considerados como sabios y valiosos debido a su larga historia y su utilidad en la vida cotidiana. En muchas culturas, la sabiduría popular se considera una fuente importante de orientación y consejo práctico. Este tipo de sabiduría es muy valiosa ya que se ha ido desarrollando a lo largo de los años en función de las necesidades y las circunstancias de cada época y cada lugar. La sabiduría popular se refiere a los conocimientos que no se aprenden en libros ni en la escuela, sino que se adquieren a través de la experiencia y la observación directa de la realidad.

La sabiduría popular es un patrimonio cultural que nos permite conocer la historia y las costumbres de nuestro pueblo, nuestras raíces y nuestra identidad. Además, es una fuente inagotable de enseñanzas y consejos prácticos para enfrentar situaciones cotidianas y resolver problemas de la vida diaria. La sabiduría popular nos dice que «la actitud lo es todo», es decir, que nuestra actitud ante las situaciones que enfrentamos puede determinar en gran medida el resultado final. Por lo tanto, mantener una actitud positiva y optimista puede ayudarnos a superar las dificultades y alcanzar nuestros objetivos. Además, la sabiduría popular nos enseña la importancia de ser honestos y respetuosos con los demás. La sabiduría popular nos dice que «trata a los demás como te gustaría ser tratado», lo que significa que debemos tratar a los demás con respeto, compasión y empatía. Esto no solo nos ayuda a mantener buenas relaciones con los demás, sino que también nos permite construir una comunidad más unida y armoniosa".

LA SABIDURÍA POPULAR EN LA JUVENTUD HOY

En las épocas pasadas rurales y menos desarrolladas, los niños dependían en gran medida de la sabiduría transmitida oralmente por las generaciones mayores y la experiencia directa en entornos naturales. La vida en comunidades pequeñas y a menudo aisladas fomentaba la transmisión de conocimientos a través de historias, proverbios y prácticas tradicionales. La sabiduría popular se basaba en la observación directa de la naturaleza, la vida agrícola y las interacciones sociales locales.

Con el avance de la tecnología y la modernización, la dinámica ha cambiado significativamente. Los niños ahora tienen acceso a una amplia gama de información a través de dispositivos tecnológicos, internet y medios de comunicación. La sabiduría popular ha evolucionado para incluir conocimientos digitales, habilidades en el uso de la tecnología y la capacidad de filtrar y procesar grandes cantidades de información.

La conexión con la naturaleza y las tradiciones locales puede haber disminuido en algunas comunidades debido a la urbanización y la globalización. En resumen, la Sabiduría Popular de los niños ha experimentado un cambio de la transmisión oral y la conexión directa con la naturaleza en épocas pasadas a la influencia de la tecnología y el acceso a la información en la era moderna. Este cambio ha impactado la forma en que los niños perciben, aprenden y aplican la sabiduría popular en sus vidas.

1)- LA INFLUENCIA DE LA TECNOLOGÍA EN LA PERCEPCIÓN DE LA SABIDURÍA POPULAR.

En la actualidad, los niños están inmersos en un mundo digital que les proporciona un acceso instantáneo a una cantidad abrumadora de información. La sabiduría popular, que solía transmitirse a través de cuentos, proverbios y tradiciones orales, ahora compite con las voces electrónicas de las redes sociales, los videojuegos y los contenidos en línea. La percepción de la sabiduría se ha transformado en gran medida, ya que los niños buscan respuestas rápidas y entretenimiento instantáneo en lugar de sumergirse en las historias y tradiciones que caracterizaban las épocas pasadas.

La tecnología ha proporcionado nuevas formas de aprendizaje, pero también ha fragmentado la forma en que los niños internalizan la sabiduría. En lugar de depender de la experiencia directa y las narrativas locales, ahora confían en algoritmos y motores de búsqueda para obtener respuestas. La sabiduría popular se ha vuelto más globalizada, perdiendo algunas de las características distintivas que la vinculaban estrechamente a comunidades específicas.

2)- DESAFÍOS EN PRESERVACIÓN DE LA SABIDURÍA POPULA TRADICIONAL

A medida que los niños se sumergen en el mundo digital, la preservación de la sabiduría tradicional enfrenta desafíos significativos. Las narrativas locales y las prácticas culturales a menudo luchan por mantenerse relevantes en un entorno saturado de contenido en línea. La pérdida de la conexión directa con la naturaleza y las tradiciones locales puede generar una desconexión cultural.

La sabiduría popular, que solía ser transmitida de generación en generación, ahora se ve amenazada por la rápida obsolescencia de la información en línea. Los niños pueden preferir la gratificación instantánea de la tecnología en lugar de invertir tiempo en comprender las complejidades de las historias y enseñanzas transmitidas por sus mayores. La preservación de la sabiduría popular requiere esfuerzos deliberados para integrarla en el contexto digital y encontrar maneras de hacerla relevante y atractiva para las nuevas generaciones. En conclusión, el cambio en la percepción de la sabiduría popular entre los niños de hoy está fuertemente influenciado por la tecnología, lo que plantea desafíos para preservar y transmitir las tradiciones culturales y la conexión con la sabiduría ancestral.

En los tiempos modernos, el uso de la Sabiduría Popular de los niños ha experimentado cambios significativos debido a la influencia de la tecnología y la globalización. Aquí hay algunos aspectos destacados sobre cómo los niños de hoy en día interactúan con la sabiduría popular.

1)-ACCESO A LA INFORMACIÓN GLOBAL

La tecnología, especialmente internet, ha brindado a los niños acceso a una amplia gama de información de diversas culturas y tradiciones. Esto ha ampliado sus horizontes, permitiéndoles explorar sabiduría popular de todo el mundo.

La globalización ha llevado a la fusión de diferentes formas de sabiduría, creando una perspectiva más diversa y ecléctica en la forma en que los niños perciben y aplican estos conocimientos. En los jardines luminosos de la era digital, los niños se embarcan en un viaje fascinante a través de los vastos prados de la información global. Con la magia de la tecnología, sus pequeñas manos se convierten en navegadores intrépidos, explorando un océano de conocimiento que se extiende más allá de los horizontes familiares y abraza los confines lejanos del mundo.

Las bibliotecas virtuales, vastos tesoros de bits y bytes, se despliegan ante los ojos curiosos de los niños como mundos encantados llenos de respuestas y secretos. No se limitan a los relatos locales ni a las enseñanzas ancestrales, sino que sus dedos danzan sobre teclados luminosos que desbloquean las puertas de la sabiduría global. Las tradiciones de tierras lejanas, las historias de culturas distantes, todo está al alcance de sus yemas digitales.

Las redes sociales, como puentes entre continentes, conectan a los niños con compañeros que comparten pensamientos, experiencias y fragmentos de sabiduría. En este vasto escenario virtual, las fronteras se desdibujan, y los niños forman parte de una comunidad global donde las voces son tan diversas como los colores de un arcoíris. En cada publicación, en cada interacción, se entrelazan hilos de conocimiento que cruzan fronteras geográficas y culturales. Las pantallas de sus dispositivos se convierten en ventanas mágicas que ofrecen vistas panorámicas de los rincones más remotos del planeta. Los niños, en su viaje digital, exploran la arquitectura de antiguas civilizaciones, escuchan las sinfonías de lenguajes desconocidos y contemplan la diversidad de la flora y fauna que adorna nuestro globo. La información global se convierte en un mapa estelar que guía sus mentes inquisitivas a través de constelaciones de conocimiento.

Sin embargo, en este viaje no exento de desafíos, los niños también deben aprender a discernir entre las corrientes de información. Como navegantes intrépidos, deben sopesar la veracidad de las fuentes y sortear las olas de desinformación. El acceso a la información global, aunque es una bendición, requiere que afilen las velas de su discernimiento para navegar con sabiduría por los mares digitales. En este poema digital de la infancia contemporánea, el acceso a la información global es la melodía que acompaña a los niños en su travesía. Cada clic es una nota, cada búsqueda es una estrofa, y la sinfonía completa es una celebración de la capacidad de los niños para explorar, aprender y conectarse en un mundo que se despliega ante ellos como un libro infinito de posibilidades.

2)- REDES SOCIALES Y COMUNIDAD DIGITAL

Las redes sociales han creado nuevas plataformas para compartir y transmitir sabiduría popular. Los niños participan en comunidades en línea donde intercambian experiencias, consejos y enseñanzas de manera instantánea. La interacción en comunidades digitales permite que la sabiduría popular evolucione rápidamente, adaptándose a los desafíos y cambios contemporáneos. En el vasto lienzo de la era digital, las

Redes Sociales y la Comunidad Digital se erigen como ciudades efervescentes, donde los niños son ciudadanos de un mundo conectado por hilos electrónicos. Aquí, en estas metrópolis virtuales, los pequeños constructores de relaciones tejen la trama de sus vidas digitales, participando en una danza de interconexiones que trasciende fronteras físicas. Las Redes Sociales, como plazas electrónicas, son lugares donde los niños levantan la voz, compartiendo sus pensamientos y sueños con un público global. Los muros digitales se convierten en murales donde las palabras y las imágenes pintan historias de amistad, descubrimientos y risas compartidas. Cada publicación es un ladrillo que contribuye a la construcción de su identidad digital, una expresión de su ser en el vasto escenario cibernético.

Las Comunidades Digitales, como barrios llenos de diversidad, acogen a niños con intereses comunes, sin importar la distancia geográfica que los separe. Grupos en línea se convierten en hogares para aquellos que comparten pasiones, desde videojuegos hasta arte, creando espacios donde la creatividad florece y la sabiduría se comparte como un tesoro colectivo. En estas comunidades, los niños encuentran camaradería en la diferencia, forjando lazos que trascienden las barreras del espacio físico.

En esta narrativa electrónica, las Redes Sociales y la Comunidad Digital se entrelazan como hilos de un tapiz donde se plasma la historia de la infancia contemporánea. Las notificaciones se convierten en melodías que anuncian la llegada de mensajes de amigos virtuales, y los emojis son los pinceles con los que los niños pintan sus emociones en la pantalla. En cada interacción, en cada comentario, se escribe un capítulo en la novela digital que narra la vida y las experiencias de los niños en la era de la conexión electrónica.

No obstante, esta ciudad digital no está exenta de desafíos. En sus calles virtuales, los niños deben aprender a navegar con astucia, construir puentes de amistad y discernir entre la autenticidad y la ilusión. La Comunidad Digital, aunque un faro de apoyo y aprendizaje, también puede presentar tempestades de desinformación y desafíos emocionales. Así, en esta epopeya digital, las Redes Sociales y la Comunidad Digital son los escenarios donde los niños representan sus roles como actores en un teatro global. Cada clic, cada comentario, es un acto en esta obra en constante evolución, donde los niños, como protagonistas de sus propias historias digitales, descubren la belleza y la complejidad de la conexión humana en la era del ciberespacio.

3)- DESAFÍO EN LA PRESERVACIÓN

A pesar del acceso a la información global, la preservación de las tradiciones locales y la sabiduría popular enfrentan desafíos. Las formas tradicionales de transmisión oral pueden perderse en un entorno digital que favorece la inmediatez y la brevedad. La saturación de información en línea también puede dificultar la identificación y valoración de la sabiduría auténtica entre la gran cantidad de contenido disponible. En los confines de la infancia contemporánea, se yergue un desafío que se asemeja a un guardián de las tradiciones. El desafío en la preservación, como un río que fluye entre dos tierras, este desafío atraviesa la narrativa de los niños, pidiendo reflexión sobre cómo preservar las raíces culturales y la autenticidad en un mundo digitalmente vertiginoso. Las tradiciones, como antiguos pergaminos, contienen las lecciones y los cuentos que han sido susurrados de generación en generación. Sin embargo, en la era de la información instantánea, estas historias locales luchan por mantener su esencia.

El desafío en la preservación se convierte en una epopeya, donde los niños deben aprender a sostener las antorchas de la herencia cultural en un viento digital que amenaza con extinguir la llama de la autenticidad. En las encrucijadas del ciberespacio, el desafío radica en discernir entre la autenticidad y las sombras digitales. Las narrativas tradicionales compiten con relatos instantáneos y efímeros, y las costumbres arraigadas se enfrentan a la atracción magnética de las tendencias globales. Como arquitectos de su identidad cultural, los niños deben resistir el hechizo del olvido digital y erigir monumentos de preservación que resistan el paso del tiempo.

El desafío en la preservación se viste con capas de complejidad en un mundo donde la globalización se entrelaza con la tradición. Las lenguas locales, las artesanías ancestrales y las formas de vida tradicionales se ven desafiadas por la avalancha de influencias globales. Los niños, como guardianes de la llama cultural, deben tejer un tapiz que equilibre la innovación con la preservación, honrando las raíces mientras exploran nuevos horizontes. En esta odisea, la tecnología, que es tanto aliada como rival, se convierte en un artefacto que puede salvar o amenazar las tradiciones. La preservación no es solo un acto de conservación estática, sino un baile dinámico entre el pasado y el futuro. Los niños, en su papel de custodios de la herencia, deben aprender a fusionar las antiguas melodías con las nuevas armonías, creando una sinfonía que resonará a través de las eras. Así, el desafío en la preservación se erige como una montaña majestuosa que los niños deben escalar, no solo para mirar hacia atrás, sino para forjar un camino que lleve la esencia de sus raíces hacia adelante. En esta época, los niños se convierten en los autores de un relato que teje el pasado y el futuro en un tapiz cultural que perdure, desafiando las fuerzas efímeras del cambio y preservando la riqueza de su herencia en el lienzo del tiempo.

4)- CAMBIO DE LA NATURALEZA EN LAS HISTORIAS

La narrativa ha evolucionado con la introducción de nuevas formas de contar historias, como blogs, videos y memes. Los niños participan en la creación y consumo de contenido digital, influyendo en la forma en que se comparten las lecciones y anécdotas. Las plataformas de entretenimiento digital también han influido en la forma en que se presenta la sabiduría, a menudo fusionando el aprendizaje con la diversión y la creatividad. En el atardecer de la historia, las narrativas se deslizan por las páginas del tiempo con la gracia de una danza efímera. La naturaleza misma de las historias, tejida con los hilos de la experiencia humana, ha experimentado una metamorfosis que reverbera desde las epopeyas antiguas hasta los relatos contemporáneos. En este cambio de la naturaleza de las historias, emergen matices inesperados, desafiando las convenciones y dando forma a un paisaje narrativo en constante evolución.

En tiempos ancestrales, las historias se transmitían oralmente, como joyas que pasaban de labio en labio, forjando la identidad de comunidades enteras. Los mitos y leyendas, impregnados de misterio y sabiduría, resonaban en los corazones de aquellos que escuchaban, creando la trama de una realidad compartida. Sin embargo, con el tiempo, la imprenta y la escritura extendieron las alas de las historias, llevándolas en pergaminos más allá de las fronteras orales y permitiendo que las palabras fueran plasmadas en papel. El cambio de la naturaleza de las historias se acelera en la era digital, donde los relatos transcurren por canales digitales como ríos eléctricos. Las redes sociales se convierten en el escenario donde las microhistorias se entrelazan, y la brevedad se convierte en una nueva forma de expresión. La instantaneidad redefine la experiencia narrativa, despojando a las historias de sus capas de detalle en favor de destellos rápidos de emoción y pensamiento. No obstante, en este cambio vertiginoso, también surge una profunda exploración de la diversidad de voces. Las historias ya no están confinadas a un único narrador; en cambio, se despliegan en una sinfonía polifónica donde cada individuo tiene el poder de dar forma a su propia narrativa.

Las plataformas digitales, lejos de ser solo un medio, se convierten en un lienzo donde la multiplicidad de perspectivas pinta un retrato más completo del tapiz humano. La realidad virtual y la inteligencia artificial, como hechiceras modernas, prometen llevar las historias más allá de las palabras y las imágenes estáticas. La inmersión total se vislumbra en el horizonte, desafiando las fronteras entre el observador y lo observado, entre el narrador y la audiencia. En este cambio de la naturaleza de las historias, la esencia misma de la narrativa se encuentra en un estado de constante reinvención. Las historias, como criaturas mágicas, se adaptan y transforman, reflejando la evolución de la sociedad y la exploración perpetua de lo humano. En cada capítulo de este relato en curso, la naturaleza de las historias revela su polifacética y fascinante capacidad para reflejar, desafiar y, sobre todo, conectar las cadenas doradas de la experiencia humana.

5)- EDUCACIÓN DIGITAL Y APRENDIZAJE ACTIVO

En el vasto paisaje de la educación, la Educación Digital emerge como un horizonte luminoso, tejiendo un tapiz de posibilidades en el que el aprendizaje se entrelaza con la era digital. En este escenario cambiante, el Aprendizaje Activo se erige como un protagonista, danzando en armonía con las corrientes de la tecnología, desafiando las convenciones tradicionales. La Educación Digital, como un maestro de nueva era, despliega sus alas virtuales sobre las aulas, transformando la manera en que se adquiere y se comparte el conocimiento. Las pizarras electrónicas son lienzos donde las ideas toman vida, mientras que los recursos en línea se convierten en bibliotecas interactivas que abren las puertas a un vasto mundo de información.

En esta travesía educativa, el Aprendizaje Activo se presenta como un compañero de baile en constante movimiento. Ya no es suficiente absorber pasivamente la información; en cambio, los estudiantes se convierten en arquitectos activos de su propio entendimiento. El aprendizaje se transforma en una aventura participativa, donde la exploración y la experimentación son las llaves maestras de la comprensión.

Los entornos virtuales se convierten en escenarios de aprendizaje, donde los estudiantes participan en simulaciones, colaboran en proyectos en línea y se sumergen en experiencias inmersivas. La Educación Digital y el Aprendizaje Activo se funden en una danza que desafía los límites físicos de las aulas, creando un espacio donde la mente se expande sin restricciones. No obstante, en esta sinfonía digital, la educación se enfrenta a sus propios desafíos. La sobreabundancia de información puede convertirse en un laberinto confuso, y la tecnología, aunque una aliada poderosa, demanda un enfoque crítico para evitar que el aprendizaje se convierta en una simple acumulación de datos efímeros.

En la confluencia de la Educación Digital y el Aprendizaje Activo, se escribe un nuevo capítulo en el libro del conocimiento. Las aulas digitales se convierten en teatros donde los estudiantes son los actores principales, guiados por mentores que navegan con destreza por los mares digitales.

En este escenario en constante evolución, la educación se convierte en un viaje dinámico, donde la curiosidad y la participación activa son faros que iluminan el camino hacia la comprensión profunda y significativa. Las herramientas educativas digitales han incorporado elementos de sabiduría popular en el aprendizaje activo. Los niños pueden participar en simulaciones interactivas, juegos educativos y plataformas en línea que integran aspectos de la sabiduría tradicional de manera moderna.

En resumen, el uso de la Sabiduría Popular de los niños en los tiempos modernos refleja una dinámica más globalizada, digital y colaborativa. Aunque presenta desafíos en la preservación de las tradiciones locales, también ofrece oportunidades para una comprensión más amplia y diversa de la sabiduría proveniente de diferentes culturas y contextos. La Sabiduría Popular de la infancia hoy en día refleja la intersección de las tradiciones culturales, la tecnología y las influencias globales. Aquí hay varios aspectos que caracterizan el uso de la sabiduría popular entre los niños en la era actual.

6)- INFLUENCIA DE LA TECNOLOGÍA

La tecnología desempeña un papel fundamental en la forma en que los niños acceden, comparten y crean sabiduría popular. Las plataformas digitales, redes sociales y dispositivos móviles permiten una conectividad instantánea y un intercambio rápido de información. Los niños participan en comunidades en línea donde comparten consejos, historias y memes que reflejan su propia sabiduría y experiencias. En los confines de la infancia contemporánea, se yergue un desafío que se asemeja a un guardián de las tradiciones: el desafío en la preservación. Como un río que fluye entre dos tierras, este desafío atraviesa la narrativa de los niños, pidiendo reflexión sobre cómo preservar las raíces culturales y la autenticidad en un mundo digitalmente vertiginoso.

Las tradiciones, como antiguos pergaminos, contienen las lecciones y los cuentos que han sido susurrados de generación en generación. Sin embargo, en la era de la información instantánea, estas historias locales luchan por mantener su esencia. El desafío en la preservación se convierte en una epopeya, donde los niños deben aprender a sostener las antorchas de la herencia cultural en un viento digital que amenaza con extinguir la llama de la autenticidad. En las encrucijadas del ciberespacio, el desafío radica en discernir entre la autenticidad y las sombras digitales. Las narrativas tradicionales compiten con relatos instantáneos y efímeros, y las costumbres arraigadas se enfrentan a la atracción magnética de las tendencias globales.

Como arquitectos de su identidad cultural, los niños deben resistir el hechizo del olvido digital y erigir monumentos de preservación que resistan el paso del tiempo. El desafío en la preservación se viste con capas de complejidad en un mundo donde la globalización se entrelaza con la tradición. Las lenguas locales, las artesanías ancestrales y las formas de vida tradicionales se ven desafiadas por la avalancha de influencias globales. Los niños, como guardianes de la llama cultural, deben tejer un tapiz que equilibre la innovación con la preservación, honrando las raíces mientras exploran nuevos horizontes. En esta odisea, la tecnología, que es tanto aliada como rival, se convierte en un artefacto que puede salvar o amenazar las tradiciones. La preservación no es solo un acto de conservación estática, sino un baile dinámico entre el pasado y el futuro. Los niños, en su papel de custodios de la herencia, deben aprender a fusionar las antiguas melodías con las nuevas armonías, creando una sinfonía que resonará a través de las eras.

Así, el desafío en la preservación se erige como una montaña majestuosa que los niños deben escalar, no solo para mirar hacia atrás, sino para forjar un camino que lleve la esencia de sus raíces hacia adelante. En esta época, repetimos, los niños se convierten en los autores de un relato que teje el pasado y el futuro en un tapiz cultural que perdure, desafiando las fuerzas efímeras del cambio y preservando la riqueza de su herencia en el lienzo del tiempo.

7)- DIVERSIDAD CULTURAL Y GLOBALIZACIÓN

En el vasto tapiz de la existencia, la Diversidad Cultural se erige como un mosaico vibrante, cada cultura una pieza única que contribuye a la riqueza y complejidad del lienzo humano. Sin embargo, esta paleta de tradiciones, idiomas y creencias se enfrenta a la marea imparable de la Globalización, una fuerza que tiende puentes entre continentes pero también plantea desafíos a la singularidad cultural. La Diversidad Cultural, como un bosque de colores y texturas, teje historias ancestrales y expresiones únicas que se despliegan como flores en los campos de la identidad cultural. Cada comunidad, como un cuento vivo, aporta sus propias leyendas, rituales y formas de entender el mundo. La diversidad lingüística resuena como una sinfonía de sonidos, cada idioma un vehículo de pensamiento y poesía que encierra en sí mismo la esencia de una civilización.

No obstante, en la encrucijada de los mundos, la Globalización se presenta como un viento que acaricia todos los rincones del planeta. Las conexiones globales, facilitadas por avances tecnológicos y redes de comunicación, reducen las distancias geográficas pero también diluyen las fronteras culturales. Las influencias transculturales se filtran a través de pantallas y aeropuertos, fusionando estilos de vida y fusionando expresiones artísticas en una danza cultural que trasciende fronteras. La Diversidad Cultural, lejos de ser una barrera, se convierte en un tesoro que merece ser protegido y celebrado. Sin embargo, la Globalización plantea la pregunta inevitable: ¿Cómo preservar la autenticidad de cada expresión cultural en un mundo que se entrelaza cada vez más? La respuesta yace en la necesidad de un diálogo respetuoso, donde las influencias globales no eclipsen, sino enriquezcan, las raíces culturales arraigadas en la historia y la identidad. En este paisaje cultural, la tolerancia y el entendimiento mutuo son faros que guían el camino. La Diversidad Cultural se convierte en una sinfonía armoniosa cuando se aprecia en toda su complejidad, cuando se reconoce la belleza en la diferencia y se valora la riqueza que aporta cada perspectiva única.

En el diálogo entre la Diversidad Cultural y la Globalización, se trama una narrativa de interconexión y aprendizaje mutuo. Cada encuentro cultural se convierte en una oportunidad para enriquecer el propio entendimiento y expandir los límites de la comprensión. En este equilibrio delicado, el mundo se convierte en un escenario donde la diversidad florece y la globalización actúa como un puente, no para homogeneizar, sino para celebrar la riqueza de la variación humana en la sinfonía universal. La globalización ha llevado a la exposición temprana de los niños a diversas culturas y tradiciones. La sabiduría popular ahora se extrae no solo de las experiencias locales, sino también de las narrativas globales presentes en medios de comunicación, literatura y contenido en línea. Los niños pueden adoptar y adaptar elementos de diferentes tradiciones, creando una amalgama de sabiduría que refleja la diversidad cultural.

8)- NARRATIVAS DIGITALES Y FORMAS CREATIVAS DE EXPRESIÓN

La narrativa digital ha transformado la forma en que se comparten historias y enseñanzas. Los niños participan en la creación de contenido en plataformas como TikTok, YouTube o blogs, utilizando medios visuales y creativos para transmitir mensajes. Sin embargo, con el tiempo, la imprenta y la escritura extendieron las alas de las historias, llevándolas más allá de las fronteras orales y permitiendo que las palabras se plasmaran en pergamino y papel, como hemos planteado anteriormente. La realidad virtual y la inteligencia artificial, como hechiceras modernas, prometen llevar las historias más allá de las palabras y las imágenes estáticas. La inmersión total se vislumbra en el horizonte, desafiando las fronteras entre el observador y lo observado, entre el narrador y la audiencia. En este cambio de la naturaleza de las historias, la esencia misma de la narrativa se encuentra en un estado de constante reinvención. Las historias, como criaturas mágicas, se adaptan y transforman, reflejando la evolución de la sociedad y la exploración perpetua de lo humano.

En cada capítulo de este relato en curso, la naturaleza de las historias revela su polifacética y fascinante capacidad para reflejar, desafiar y, sobre todo, conectar las cadenas doradas de la experiencia humana. En el vasto lienzo digital, las narrativas se despliegan como constelaciones cibernéticas, destellando en la oscuridad del ciberespacio. Las Narrativas Digitales, engarzadas en la red interconectada, son el arte de contar historias reinventado, donde las palabras danzan con imágenes, sonidos y códigos binarios en una sinfonía de expresión creativa. En este reino electrónico, las formas creativas de expresión florecen como flores digitales, desplegando sus pétalos en las múltiples dimensiones del mundo virtual. Las Narrativas Digitales, hijos legítimos de la era tecnológica, trascienden las fronteras de lo convencional. En este paisaje en constante cambio, las palabras no son solo letras impresas, sino portales que transportan a los espectadores a mundos alternos. Las imágenes cobran vida, guiando a la audiencia a través de experiencias visuales inmersivas, y los sonidos, como notas digitales, tejen una banda sonora que envuelve la narrativa en un abrazo sensorial. Las redes sociales, como plazas digitales, se convierten en el escenario principal donde las Narrativas Digitales se desenvuelven. Microhistorias se deslizan entre publicaciones, instantáneas que capturan momentos efímeros, y relatos fragmentados que se entrelazan en el vasto tapiz de la experiencia humana compartida.

La inmediatez se convierte en moneda de cambio, y la capacidad de capturar la atención en un destello se erige como una habilidad codiciada. Las formas creativas de expresión en este reino digital son como alquimistas contemporáneos, fusionando medios y tecnologías para dar vida a creaciones únicas. La realidad virtual y la realidad aumentada se entrelazan con la narrativa, llevando a la audiencia a dimensiones antes inexploradas. La interactividad se convierte en el hilo conductor, permitiendo que los participantes no solo sean observadores, sino cocreadores de la historia. No obstante, en este festín de creatividad digital, también surge un interrogante sobre la autenticidad. ¿Cómo se preserva la esencia genuina de la narrativa en un mundo saturado de filtros y retoques digitales?

La búsqueda de la verdad en medio de la brillantez de las pantallas se convierte en un desafío, y la autenticidad, como una joya rara, requiere ser resguardada con celo. En este ecléctico teatro digital, las Narrativas Digitales y las formas creativas de expresión se entrelazan en una danza electrónica. La creatividad se desborda en límites previamente inexplorados, y la tecnología se convierte en la varita mágica que amplifica las voces individuales en un coro digital. En cada clic, en cada línea de código, se escribe un nuevo capítulo en el libro interminable de la expresión humana. Las formas tradicionales de contar historias pueden coexistir con nuevas expresiones digitales, fusionando la sabiduría ancestral con la creatividad contemporánea.

9)- EDUCACIÓN A TRAVÉS DE LA EXPERIENCIA Y LA INTERACCIÓN

Las experiencias activas y la interacción son componentes claves de la sabiduría de la infancia actual. Los niños aprenden a través de juegos, simulaciones interactivas y actividades educativas que integran lecciones prácticas con la diversión. En el vasto paisaje educativo, la enseñanza se transforma en un viaje inmersivo, donde las aulas se convierten en escenarios y los maestros en guías de una travesía rica en experiencias y marcada por la interacción. La Educación a Través de la Experiencia y la Interacción es un cuadro dinámico donde los conocimientos se revelan no solo en las páginas de los libros, sino también en la vida misma, como un caleidoscopio de aprendizaje en constante evolución.

Las aulas, una vez percibidas como confines estáticos, se metamorfosean en espacios vivos donde el conocimiento se fusiona con la acción. La teoría se encuentra con la práctica, y los estudiantes son invitados a sumergirse en el río de la experiencia. Los conceptos abstractos cobran forma en laboratorios, proyectos colaborativos y expediciones que despiertan la curiosidad y fomentan la exploración. La interacción se convierte en el hilo conductor que teje la trama educativa. No se trata solo de transmitir información de maestro a estudiante, sino de fomentar un diálogo activo donde las ideas fluyan en ambas direcciones. Las aulas resuenan con debates, preguntas desafiantes y la vibración de mentes jóvenes que buscan comprender y cuestionar.

El mundo exterior se convierte en un aula expansiva, donde el aprendizaje se entrelaza con la realidad. Visitas a museos, excursiones a entornos naturales, encuentros con expertos en el campo; cada experiencia se convierte en una lección en sí misma. La educación, entonces, deja de ser un acto pasivo para convertirse en una exploración activa del mundo que nos rodea. La tecnología, lejos de ser una barrera, se integra como una herramienta que amplifica la experiencia educativa. La realidad virtual lleva a los estudiantes a lugares remotos, simulaciones ofrecen perspectivas prácticas, y las plataformas en línea facilitan la colaboración global.

La interacción se expande más allá de las paredes físicas, conectando a estudiantes con mentores y compañeros en un tapiz digital de aprendizaje compartido. En este escenario educativo en constante movimiento, los errores se abrazan como oportunidades de aprendizaje, y la evaluación se convierte en un reflejo genuino del progreso. La Educación a Través de la Experiencia y la Interacción es un canto a la diversidad de talentos y estilos de aprendizaje, reconociendo que cada individuo tiene un camino único hacia la comprensión. En el escenario de la Educación a Través de la Experiencia y la Interacción, la enseñanza se convierte en un acto de creación conjunta. Maestros y estudiantes danzan en una coreografía de descubrimiento mutuo, donde el aprendizaje no es solo un destino, sino un viaje continuo, marcado por la magia de la experiencia y la riqueza de la interacción humana. La sabiduría se transmite no solo a través de palabras, sino también a través de experiencias compartidas y la participación activa en la resolución de problemas.

10)- DESAFÍOS EN LA PRESERVACIÓN DE LA TRADICIÓN

A pesar de la riqueza de la sabiduría actual, existe el desafío de preservar las tradiciones locales y la autenticidad cultural. La rápida evolución de la tecnología y las influencias globales a veces puede diluir las raíces culturales en favor de una perspectiva más universal. En el rincón más íntimo de la memoria colectiva, la tradición se erige como un custodio de las raíces culturales, un hilo dorado que teje la historia de un pueblo. Sin embargo, este legado atemporal enfrenta un desafío monumental en la encrucijada entre el pasado y el presente, entre la modernidad y la preservación. Los Desafíos en la Preservación de la Tradición se presentan como vendavales que sacuden los cimientos mismos de la herencia cultural. En el mundo en constante transformación, la tecnología y las corrientes globalizadoras son como oleadas que amenazan con desdibujar las líneas que conectan generaciones. Las tradiciones, esculpidas por manos antiguas y narrativas sagradas, se ven desafiadas por el ritmo acelerado de una sociedad que busca constantemente lo nuevo y lo efímero.

El desafío radica en encontrar el equilibrio entre el respeto a las raíces y la necesidad de evolucionar. Las tradiciones, a menudo ancladas en rituales y ceremonias que han perdurado siglos, enfrentan la tentación de desvanecerse en la bruma del olvido ante el atractivo de lo moderno y lo novedoso. La preservación, entonces, se convierte en una batalla entre el arraigo y la adaptación. La transmisión intergeneracional de conocimientos, una vez tejida con cuidado en la tela de la comunidad, ahora se ve desafiada por la rapidez con la que la información se consume y desecha. Las historias que antes se contaban al calor de la fogata luchan por ser escuchadas en un mundo saturado de distracciones digitales y narrativas efímeras. La globalización, si bien conecta mundos distantes, también amenaza con homogeneizar las expresiones culturales únicas. La preservación de la tradición se convierte en un acto de resistencia, una declaración de que la diversidad cultural es un tesoro que merece ser resguardado. No obstante, en medio de estos desafíos, resuena una llamada a la acción.

La preservación de la tradición no implica estancamiento, sino más bien una adaptación consciente. En la encrucijada del cambio, las comunidades encuentran maneras creativas de fusionar lo antiguo con lo nuevo, de tejer una narrativa que honra el pasado mientras abraza el presente y el futuro. En este delicado acto de preservación, las tradiciones se convierten en faros de identidad, recordatorios de la riqueza que se encuentra en la diversidad. El desafío, entonces, se transforma en una oportunidad para tejer un tapiz cultural que trascienda el tiempo, manteniendo viva la llama de la tradición en el corazón de la evolución humana.

11)- ÉNFASIS EN LA RESILIENCIA Y LA CREATIVIDAD

La sabiduría de la infancia hoy a menudo resalta la resiliencia, la adaptabilidad y la creatividad. Los niños enfrentan desafíos únicos en un mundo en constantes cambios, y su sabiduría refleja la capacidad de adaptarse y encontrar soluciones creativas. La Sabiduría Popular de la infancia en la actualidad es un mosaico dinámico de tradiciones locales, influencias globales y expresiones creativas facilitadas por la tecnología. Aunque presenta desafíos en términos de preservación cultural, también destaca la capacidad de los niños para navegar en un mundo complejo y aprovechar la diversidad de experiencias disponibles. En el tapiz de la infancia contemporánea, se teje una narrativa rica y vibrante que destaca el énfasis en la resiliencia y la creatividad.

Los niños, inmersos en un mundo lleno de desafíos y cambios constantes, han forjado una sabiduría que refleja la capacidad de adaptarse con gracia y encontrar soluciones creativas ante la adversidad. La resiliencia, como un hilo dorado que atraviesa las experiencias infantiles, se manifiesta en la forma en que los niños afrontan las dificultades. No son solo testigos pasivos de los retos, sino protagonistas activos que abrazan la incertidumbre con valentía. Su sabiduría resalta la importancia de levantarse después de cada caída, de aprender de los errores y de encontrar fortaleza en la vulnerabilidad. En los cuentos digitales que crean y comparten, la resiliencia se convierte en un personaje central, modelando la trama con sus giros y vueltas impredecibles. La creatividad, como una chispa luminosa que ilumina los rincones de la mente infantil, es un elemento esencial de la sabiduría contemporánea. Los niños exploran y experimentan con las posibilidades ilimitadas que ofrece un mundo digitalmente conectado. En los jardines virtuales de la creatividad, cultivan ideas frescas, fusionan tradiciones culturales y reinventan narrativas ancestrales con un toque moderno. Cada obra de arte, cada video corto, cada historia compartida en línea es una expresión de la capacidad innata de los niños para transformar la realidad a través de la imaginación. En este escenario literario, los cuentos de la infancia contemporánea no solo narran las hazañas de héroes y heroínas, sino que también destacan las lecciones de resiliencia aprendidas en las batallas cotidianas.

La trama se desarrolla con episodios de superación personal, donde los niños descubren su propia fuerza interior. La creatividad, representada como un pincel mágico, pinta paisajes de posibilidades infinitas, donde las limitaciones se disuelven y las ideas florecen en un jardín de colores vivos. En el corazón de esta narrativa está la sabiduría que florece en la intersección de la resiliencia y la creatividad. Los niños, como poetas del presente, escriben versos de esperanza en medio de la incertidumbre y componen sinfonías de alegría en sus momentos más oscuros. Su literatura es un testimonio de la capacidad humana para encontrar luz en la penumbra, para bailar con gracia en la lluvia de desafíos y para tejer sueños en los telares del mañana. Así, la infancia contemporánea se convierte en un relato en el que la resiliencia y la creatividad se entrelazan, creando una obra maestra que celebra la fuerza de la juventud y la capacidad de reinventar el mundo con cada página que se escribe.

En las palabras finales de este libro: "1000 adivinanzas, un rasgo de sabiduría popular nos permitimos dejar constancia de que en el hemos querido destilar la esencia de las adivinanzas en la sabiduría popular a través del personaje inspirador y motivador, Henry Cueto, un humilde labrador de los campos del Seibo que a medida en que se enfrentó a los desafíos de la niñez se convirtió en un faro de conocimientos guardados en su prodigiosa memoria como ente arraigado en las tradiciones de su comunidad y el país. Su experiencia se ha convertido en un reflejo de la lucha, no solo contra los obstáculos personales, sino también contra la vorágine de la información global y la omnipresencia de las redes sociales. En este viaje literario hemos querido explorar cómo la sabiduría popular transmitida a través de adivinanzas y tradiciones locales se convierte en un ancla para la identidad en un mundo cada vez más interconectado. El amigo Henry Cueto se erige como un defensor de la preservación de estas adivinanzas y sus tradiciones en la sabiduría popular, recordándonos la importancia de mantener vínculos con nuestras raíces, incluso en esta era de la información instantánea. A medida que nuestro protagonista enfrentó los retos de la niñez dominicana, también se convirtió en un símbolo de resistencia frente a la rápida evolución hacia la modernización de la sociedad. Su sabiduría popular se convirtió en un antídoto contra la alienación digital destacando la importancia de la comunidad en la construcción de identidades sólidas. A través de su historia, aprendemos que la verdadera riqueza se encuentra en la conexión con nuestras raíces y en la preservación de las tradiciones que nos dan forma. Aquí concluimos "1000 adivinanzas, un rasgo de sabiduría popular" quedándonos con la reflexión sobre la importancia de abrazar la sabiduría popular como un faro guía en medio de los mares de desafíos de la vida moderna, recordándonos que, a pesar de la era de la información tecnológica, la verdadera riqueza yace en nuestras conexiones más profundas con la comunidad y las tradiciones que nos definen.

" ODA A LAS ADIVINANZAS "

Las adivinanzas son la ventana,
que muestran el ingenio, la verdad,
la sabiduría popular, su inmensidad
en el carrusel de la vida cotidiana.

Aún charadas, son la abierta celosía
a cada enigna y acertijos definidos
por tu astucia e ingenio escondidos
en recovecos del saber y fantasía.

Esconden los secretos, las razones,
enigmas de la naturaleza, su esplendor,
que despiertan risa, curiosidad y humor
en la infancia y adultos juguetones.

Es la adivinanza mundo a descubrir,
cuan la flora y fauna que esconden,
la magia de lo simple, tal responden,
al alma, mente y corazón su discurir.

Añoro las adivinanzas sigan siendo,
pasto de sabiduría, ingenio, amores,
de interés en los niños, los mayores,
a fin de que su luz siga creciendo.

En el telar del tiempo y fantasía,
las adivinanzas van tejiendo humor,
con hilos de enigma, acertijo, amor
que bordan ingenios con poesía.

Son luces de un universo infinito,
con la naturaleza de su lado y testigo,
números, formas, hasta doble sentido
con gracia, astucia y humor bonito.

Jardines del saber tal madre anciana,
nos susurra secretos en dulce melodía,
entre los zurcos de popular sabiduría
puente entre longeva y voz temprana.

Es tiempo, cual río fluye sin pausa,
guardián de rimas en verso que reposa
alma y esencia de aquello que provoca
acertijo y enigma que inquetud causa.

Adivinanza, fruto de verdad, fantasía,
colores, ritmos del verso que despliega,
un tapiz que la vida en su belleza siega,
gracia eterna de ser charada y poesía.

En el eco de cualquier adivinanza,
evócase el ser, esencia, vida quimera,
tejiendo enigmas que el alma espera
descifrar con sagacidad a ultranza.

Entre las brumas de niñez perdida,
se camuflan secretos de la naturaleza,
esperando sea desveleda la respuesta
de aquello oculto a tu luz encendida.

En el susurro del viento se revelan,
enigmas del ser humano, su esencia,
y miradas en busca de trascendencia
entre reflejos de la vida que destellan.

Adivinando las vidas con agrado,
danza la flora y fauna con destreza
no obstante el ser humano ser saeta,
que apunta al corazón sin reparo.

Estas palabras, admiración, y nota final
deben ser y, son el eco de la esperanza
que se valore y reconozca la adivinanza
como un tesoro de la Sabiduría Popular.

Dr. Néstor Julio Fornés
marzo/2024.-

Imagen de **ALAMY.COM**

Imagen de **CLYPARTZ.COM**

FUENTES CONSULTADAS

www.google.com/search?q=wikipedia&rlz

www.ejemplos.co/40-ejemplos-de-adivinanzas-

www.scielo.org.mx/scielo/Estudios y ensayos de Montaigne

www.clara.es

www.eltiempo.com/archivo/documento/MAM

Wikipedia

https://www.wikipedia.org

https://www.mundodeportivo.com

Mundo Deportivo

Árbol ABC

https://arbolabc.com

Esquire

www.esquire.com › Actualidad › Libros

www.conceptualia.es/cultura-y-sociedad/

cultura/sabiduría-popular/

www.concepto.de/cultura/#ixzz8LDq9A0bb

www. concepto.de/manifestaciones-cultura

Educación 3.0
https://www.educaciontrespuntocero.com

Pocoyo
https://www.pocoyo.com › adivinanzas › difíciles

www.pinterest .com.explor.

3.0

YouTube
https://www.youtube.com › watch

FIGURAS
PROPIEDAD DE

01- Freepik/Google.	02- Henry Cueto/Facebook.

03- Educapeques/Google.	04- Dreamstimes/Google.

05-Dreamstimes/Google.	06-Depositphotos/Google.

07-FreeImages/Google.	08-Pinterest.es/Google.

09- Dreamstime/Google.	10- Vanishing Inc./Goggle.

11- Freepik/Dreamstime.	12-Istock.com/Google.

13- Pinterest/Google.	14- Facebook/Tiratepr.

15-Co Pinterest.com.	16- TopoListo/Google.

17- ÁrbolABC/Google.	18- Shutterstock/Google.

19- YouTube/Google.	20- Guía Infantil/Google.

21- Pinterest/Facebook.	22- Freepik/Google.

23- ISstock/Google.	24- Chiquipedia/Google.

25- ShutterStock/Google.	26- Collage/ShutterStock.

27- IS stock/Getty image.	28- Alamy.com/Clipartcom

ACERCA DEL AUTOR

Dr. Néstor Julio Fornés Robles, Salvaleón de Higüey (1953), desde sus años mozos fue un apasionado al mundo de las letras, libros y todo el quehacer lírico-cultural; destacándose como locutor y declamador de poesías en serenatas, y eventos del Club Cultural Amigos de Jensen, del cual fue fundador y propulsor de su gran cruzada de instalación de bibliotecas, a fin de germinar las mieles del saber y acervo cultural en la promisoria legión de jóvenes que permeaba la sociedad Altagraciana en los años 70. Se graduó de Locutor en la Comisión Nacional de Espectáculos Públicos y Radiofonía, de la cual fue, más adelante, Inspector. Es profesor egresado del Internado en la Escuela de Formación de Maestros, Juan Vicente Moscoso, Promoción (1976-1979) de San Pedro de Macorís, donde en uno de los Concursos Literarios de Poesías Abiertas obtuvo el 1er. Lugar con su obra: "Odas a la Ju-ventud". Fue la voz del Partido Revolucionario Dominicano, como Director y Coordinador del Programa Radial "Tribuna Democrática", Filial La Altagracia. Fue Inspector de la Secretaría de Estado de Trabajo, Secretario de la Gobernadora Provincial y Líder del PRD, Señora Esther Caraballo de Feliú. De sus 30 años de Diáspora en USA se destacó como Locutor de Radio Tropical y Presidente Fundador del Club Dominicanos Unidos en Luisiana. A su retiro al país Dominicano promovió varios Reencuentros con sus antiguos compañeros de Estudios Magisteriales logrando consolidar la Hermandad Juanvicentina, de donde emerge una Gran Fundación Bautizada con ese mismo nombre, cuyo proceso y diversas actividades recoge y plasma en su libro "La Hermandad Juanvicentina". Actualmente Abogado-Notario Público del Municipio La Romana, República Dominicana.

OTRAS OBRAS DEL AUTOR

FERRETERIA
DETALLISTA
Todos los detalles, más cerca

100 SONETOS
"Un Poema de Vida"

La flor de Bayahibe

NÉSTOR JULIO FORNÉS

Grupo Detallista

Al entender la lectura como un proceso cognoscitivo mediante la interpretación de signos gráficos, por medio de recreaciones mentales que facilitan ver lo que no está presente, y permiten la imaginación de una realidad; Ahí entonces se comienza a comprender la importancia y el valor intrínseco de los libros, los cuales poseen la virtud de transportar una persona a otras épocas, a otros lugares estimulando la imaginación y la creatividad.

Los libros sin lugar a dudas, como se ha demostrado a lo largo de la historia, son los más importantes pilares en el desarrollo, la conservación y la expansión de la cultura en la humanidad. Tienen la invaluable función de resguardar a través de los tiempos los descubrimientos, las creaciones artísticas, la historia y las actividades culturales de cada uno de los conglomerados humanos. Indefectiblemente el libro es una de las creaciones más relevantes del mundo, ya que ningún otro objeto ha tenido la ingente fortuna del registro de datos, información y otros numerosos elementos que en definitiva hacen a la identidad del ser humano como parte de la civilización. Por lo tanto, se hace imprescindible destacar el valor, los beneficios y la trascendental función que poseen los libros, transmitiendo la sapiencia humana de generación en generación.

Por lo que en honor a esta valoración nos permitimos reconocer e impulsar los tesoros incalculables de este objeto maravilloso que conocemos como LIBRO, al tiempo que le invito a usted que está leyendo esta contraportada a que haga cualquier esfuerzo que entienda pertinente a fin de que el libro como tal no desaparezca con las presentes innovaciones de las nuevas generaciones, sino que permanezca útilmente, como hasta ahora ha sido, y que sea en lo adelante por los siglos de los siglos.

Néstor Julio Fornés

Todo Sobre El Libro

Todo Sobre El Libro

Cómo:

Escribirlo

Publicarlo

Venderlo

Néstor Julio Fornés

La poesía como arte que describe los SENTIMIENTOS, nos lleva de las manos en un viaje a través de la belleza que se puede encontrar en lo humano como parte esencial de la madre naturaleza. De igual modo nos conduce a explorar en lo profundo de nuestros corazones y descubrir cómo se manifiestan nuestras emociones.
En este poemario el autor nos muestra, junto con sus imágenes gráficas, la captura de esos sentires que todos experimentamos en algún momento de nuestras vidas.
Este novedoso libro de poemas titulado: SENTIMIENTOS, e imágenes gráficas de las emociones, es una ventana abierta a lo más profundo de la sensibilidad, expuesta en un lenguaje llano, sencillo, fácil de leer y entender, que nos da una particular enseñanza de cómo abunda la belleza en cualquier sentimiento del alma, desde la tristeza, el dolor, la alegría hasta la propia felicidad que todos anhelamos.
¡Palpemos estos SENTIMIENTOS..!
Néstor Julio Fornés
Sentimientos
e imágenes gráficas de emociones
Néstor Julio Fornés
Sentimientos
e imágenes gráficas de emociones